belle vue

人生風景 · 全球視野 · 獨到觀點 · 深度探索

Historical consciousness and historical thinking in Swedish schools

上一堂思辨歷史課

瑞典提案的歷史思維刻意練習

吳媛媛 著

Contents

前言　瑞典的歷史課和台灣有什麼不同？……006

第一部：十三堂思辨歷史課

01　歷史課將決定孩子們此後對「歷史這門知識」的想像——問題意識……016
02　如果歷史課本讓你來寫——檢視史料來源……031
03　問問題也要練習嗎？——問什麼，怎麼問……050
04　用一個王族的興衰來劃分所有人的歷史合理嗎？——解讀過去的工具1：歷史概念……058
05　一個人的死是悲劇，一百萬人的死是數據？——解讀過去的工具2：研究方法……071
06　「二次世界大戰是希特勒引起的。」你贊成嗎？——解讀過去的工具3：史觀……086
07　歷史也有歷史？——歷史解讀的演變……107
08　他們的擔憂和夢想是什麼？——歷史共感，角色扮演1……113
09　在歷史課上差點大打出手？——歷史同理，角色扮演2……120

10 越過成堆的骨骸，我們要往哪裡前進？——歷史的道德解讀……132
11 我們都是歷史的消費者——歷史文化、歷史意識、歷史用途……147
12 你能想出十個女性歷史人物的名字嗎？——綜合練習 1：女性的歷史……163
13 瑞典高中歷史的魔王級報告——綜合練習 2：勞工的歷史……177

第二部：瑞典歷史教學環境

2-1 跨科目的歷史……204
歷史與跨科目的課程……204
歷史課和閱讀寫作……206
2-2 瑞典學校的歷史教學和評量……209
瑞典學校的歷史教學日常……209
評分標準……210
後記 在民主化脈絡下的課綱改革……216

前言
瑞典的歷史課和台灣有什麼不同？

我的先生在瑞典高中教歷史，他有位已經退休的歷史老師同事說，有次在城裡巧遇過去的學生，兩人聊了起來。這位學生現在已經成為律師，他對歷史老師說，高中的所有科目中，歷史課對他的幫助是最大的。在歷史課上，他練習了如何批判不同的記述和論述，也學會如何透過這些資料去思考、統整和表達自己的立場。這些訓練對律師來說是非常有用的。

我記得當時聽到這件事，心想，他對歷史課的描述，怎麼和我印象中的歷史課不太一樣？

在進一步了解瑞典學校怎麼教歷史這門課時，我看到的確如這位學生所說的，有很大一部分的課堂時間是分配到思考、統整、批判的訓練上。

「學」而不思則罔，「思」而不學則怠。我們不能否認學和思兩者都很重要，至於比重要如何平衡，長久以來在瑞典內部也有很多爭論。但無論如何，目前瑞典歷史科教育放在全球脈絡之下，都可以說是屬於偏重「思考」的一個極端，也因為如此，他們在歷史思考的教學操作上也有更多經驗實例。瑞典的歷史教育絕對不是最「獨特」或「正確」的。我在本書中擷取呈現瑞典的經驗，不是為了比較優劣，而是以台灣為出發點，分析一個很不一樣的個案，作為靈感和參考，也邀請每位讀者朋友一起進行「歷史思維和歷史識讀」的腦力激盪。

一〇八課綱的理想和現實的衝突

根據台灣一〇八歷史課綱，對歷史科的學習宗旨，是這麼描述的：

高中生學習歷史應以歷史思維（historical thinking）為核心能力。所謂歷史思維，也可以稱為歷史意識（historical consciousness），是指：「人們自我察覺到過去、現在和未來之間總是不斷流動的，而且在這種過程中每件事物都一直變遷中。」

從「歷史記憶」到「專業史學」之間，歷史思維又可區分為多種進階的理想類型。高中歷史教育應超越「歷史記憶」、「過去的意識」等初級階段，學習靈活運用（一）時序觀念、（二）歷史理解、（三）歷史解釋、（四）史料證據等四項能力。

以上對歷史教育宗旨的描述，跟瑞典歷史科課綱幾乎吻合。在素養教育全球化的時代，可以看到各國課綱之間的同質性越來越高。然而，目前發展歷史思維的教學宗旨，基於台灣教育現場上考試和教育模式的種種限制，似乎還未完全反映在實際操作上……

我在對瑞典的歷史思維教學做了統整性的了解之後，在本書彙整了幾點值得分享之處，而其核心，是一個相對詳細而完整的「歷史思維建構藍圖」。藉助於這樣的藍圖，瑞典老師循序漸進安排教學活動，也更容易掌握需要涵蓋的歷史思考練習。

我把這個藍圖分為十三個章節，在每個章節描述瑞典歷史課堂上的教學活動，也試著從台灣的視角，提供與我們更切身的歷史思考題材。

歷史思維建構藍圖

「歷史思維」是目前各國歷史課綱中都很強調的教學宗旨，而對於「歷史思維」的意義和涵蓋範圍，各國定義稍有不同。北歐國家的課綱特別重視讓學生意識到歷史的「生成」和歷史的「用途」。

在編年的脈絡下，運用記憶內容做為歷史意識練習的基底

依循這個藍圖，瑞典老師有意識地運用講課時提到記憶內容，做為歷史思維練習的題材。例如，在談及現代民族國家成形的章節，一個歷史思維的練習重點是瞭解「民族國家」（nation state）的定義，還有不同的形成模式，比方說有聚合型的，也有分離型的。在上到這個章節時，歷史老師不需要要求學生記憶過多民族國家發展，而是取一個聚和型的例子，如德國或義大利，取一個分離型的例子，如挪威或克羅埃西亞，接著用這兩個例子來思考關於民族（nation）和國家認同的問題。也就是說，在取捨記憶內容的時

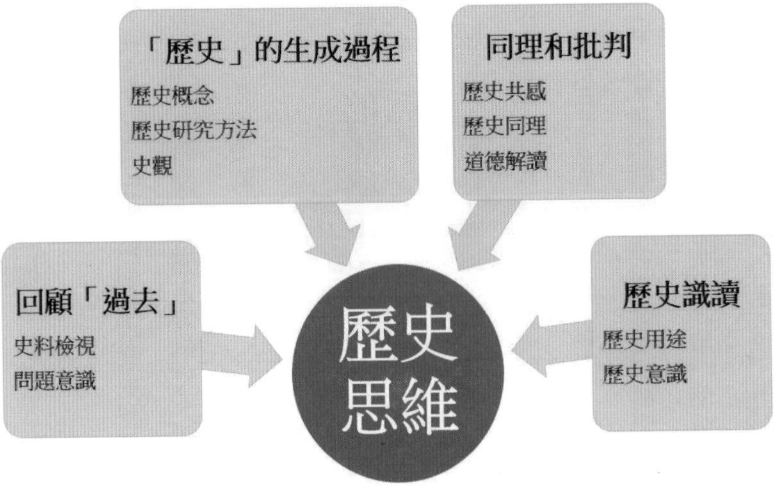
「歷史」的生成過程
歷史概念
歷史研究方法
史觀
同理和批判
歷史共感
歷史同理
道德解讀
回顧「過去」
史料檢視
問題意識
歷史
思維
歷史識讀
歷史用途
歷史意識

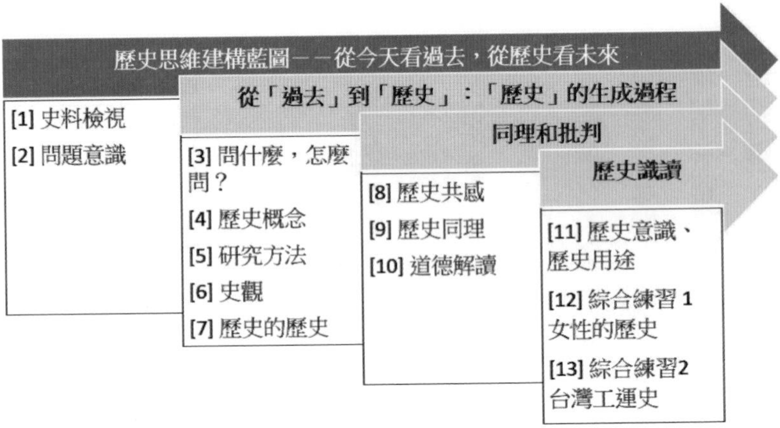
歷史思維建構藍圖——從今天看過去，從歷史看未來
從「過去」到「歷史」：「歷史」的生成過程
同理和批判
歷史識讀
[1] 史料檢視
[2] 問題意識
[3] 問什麼，怎麼問？
[4] 歷史概念
[5] 研究方法
[6] 史觀
[7] 歷史的歷史
[8] 歷史共感
[9] 歷史同理
[10] 道德解讀
[11] 歷史意識、歷史用途
[12] 綜合練習 1 女性的歷史
[13] 綜合練習2 台灣工運史

歷史思維建構藍圖。

候，以該內容是否能發展歷史思維為原則。

台大歷史系甘懷真教授也曾說：「維基百科三分鐘能告訴你的東西，我們不用花三十分鐘教你。我們要做的是花三分鐘，講你查了三十分鐘維基百科仍舊無法自己歸納、消化出來的東西。」如果學生想要查各民族國家在歷史上是怎麼形成的，可以輕易在網上查到，而難以輕易歸納、消化出來的東西，是對現代「民族國家」的淵源和定義進行反思，並且反映到我們今天面臨的問題，更進一步判斷面對未來的姿態，這一連串思考，就是「歷史思維」。（關於民族國家的形成，在本書的第九堂課有更多討論。）

給每一位和我一樣走過填鴨教育的歷史消費者們

由於這本書談的是歷史思維，所以也適用於每一位讀者朋友。歷史不會因為我們從學校畢業就離開我們的生活，相反的，從電視劇、電腦遊戲、國際新聞議題到路上街道的名稱，歷史充斥在生活之中。我們離開歷史課堂，都不能避免的成為了「歷史消費者」。歷史就像所有的產品，都有一個被製造的過程，我們在買東西的時候需要具備消

歷史思維
記憶內容

費者意識，在面對歷史的時候，需要什麼樣的意識呢？

這本書的每一個章節，就像是一個歷史思考遊戲，玩到最後一關，相信今後在識讀各種歷史資訊時，一定能更加敏銳自主。

第一部

十三堂思辨歷史課

01

歷史課將決定孩子們此後對「歷史這門知識」的想像——問題意識

歷史課也會決定孩子們此後對「歷史這門知識」的想像。所以歷史老師們從第一堂課就亟欲建立起來的，是一種看待歷史的姿態。歷史不是一門總有標準答案的學科，也可以說，「歷史」這門知識很大的一個魅力，就是在於沒有標準答案。

在準備這本書時，我參考了瑞典的歷史教學相關書籍，也訪問了幾位瑞典歷史老師。在這個過程中，我發現老師們經常意識到他們在日常教學互動當中，會如何影響孩子們對「歷史」的印象。所以他們很重視最初的幾堂課、幾個作業或考試。比方說，在學期初的幾堂歷史課盡量安排「活潑」的活動，像是角色扮演、簡單的辯論等等。雖然歷史教學不可能一直這麼輕鬆有趣，但是至少在最初幾堂課讓學生體驗歷史的趣味，也建立一點自信，再慢慢導入比較沒那麼有趣的記憶性考試和較複雜、花功夫的「硬核」討論。

除此之外，歷史課也會決定孩子們此後對「歷史這門知識」的想像。所以歷史老師們從第一堂課就亟欲建立起來的，是一種看待歷史的姿態。歷史不是一門總有標準答案的學科，也可以說，「歷史」這門知識很大的一個魅力，就是在於沒有標準答案。所以在上歷史課的時候，除了學習各種其他人的想法和答案之外，還得進一步練習要如何想、如何找答案。

為了做到這一點，瑞典老師從第一堂課，就試著用「問題」來啟動（engage）學生。剛好按瑞典編年的課綱架構，國一歷史課是從史前人類歷史揭開序幕，而學者們對史前時代的種種總是充滿疑問揣測，也經常難有定論。在介紹這個章節的內容時，學生屢次意識到：每一次考古發掘、基因分析等科技的發展，都在一次次推翻過去人們深信不疑的理論。

介紹完章節內容後，老師馬上請學生針對幾個假說進行簡單的辯論。這個練習的目的並不是要給學生一個答案，相反的，是把他們丟進一團迷霧之中。對國一的學生來說，這很可能會帶來些許不適，一個很常見的反應是「所以正確答案到底是什麼？」「這個討論有什麼意義？」

練習分析和評鑑不同論點，思考哪一種說法更合理，這種自主和批判的過程，和學習最終答案是同樣重要的。然而我們站在巨人的肩膀上，往往很習慣在課本上學到前人幫我們尋獲的答案，就是因為如此，學校必須格外強調自主性的練習，把學生丟到水裡，體驗失去重力的感覺，然後循序漸進的練習平衡、划水，累積「思考肌」的肌肉記憶。

瑞典課堂活動

歷史的謎題：辯論練習

一個常見的練習是向學生簡單呈現兩種互相競爭的假說，和雙方學者陣營為了證實假說所提出的論據。請學生自己思考後決定、並解釋自己為什麼更相信其中一種。

1. 人類的始祖為什麼站起來？

除了袋鼠以外，人類是唯一用兩隻腳行走哺乳類動物。用兩隻腳行走是定義人類的一個很關鍵的分水嶺，但是對於造成這個演進的原因，存在有很多爭議。到底是什麼讓猿人發展出直立行走的能力呢？

a 草原假說：人類始祖就像其他猿猴一樣，原本居住在樹上，然而因為遠古地質氣候變化，非洲的樹木減少，耐旱草本植物逐漸成為主體，人類始祖的棲息地從森林轉變為草原。在這樣的環境中，直立行走可以讓視野更加開闊，也更容易觀察周圍的環境和發現潛在的危險。

b 水猿假說：人類始祖曾經在水中度過大部分時間，為了在涉水時呼吸和減少阻力，開始直立行走。

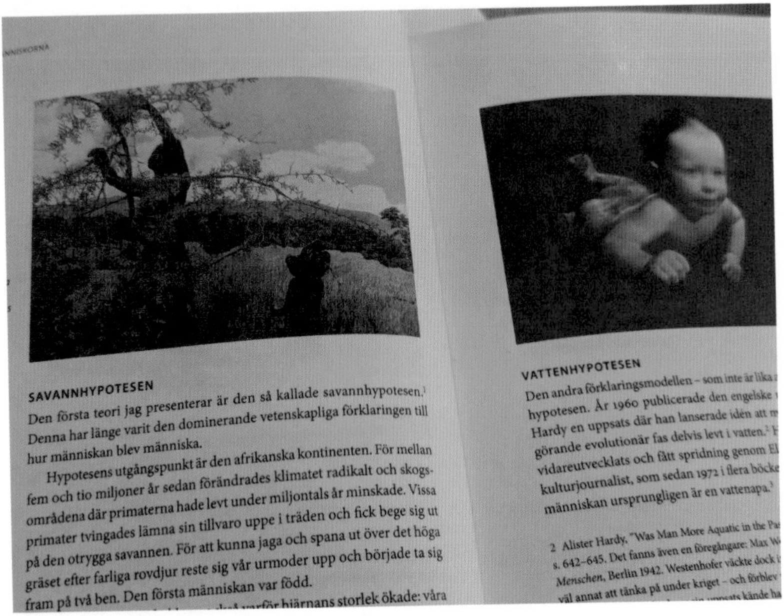

SAVANNHYPOTESEN

Den första teori jag presenterar är den så kallade savannhypotesen.[1] Denna har länge varit den dominerande vetenskapliga förklaringen till hur människan blev människa.

Hypotesens utgångspunkt är den afrikanska kontinenten. För mellan fem och tio miljoner år sedan förändrades klimatet radikalt och skogsområdena där primaterna hade levt under miljontals år minskade. Vissa primater tvingades lämna sin tillvaro uppe i träden och fick bege sig ut på den otrygga savannen. För att kunna jaga och spana ut över det höga gräset efter farliga rovdjur reste sig vår urmoder upp och började ta sig fram på två ben. Den första människan var född.

… varför hjärnans storlek ökade: våra

VATTENHYPOTESEN

Den andra förklaringsmodellen – som inte är lika
hypotesen. År 1960 publicerade den engelske
Hardy en uppsats där han lanserade idén att m
görande evolutionär fas delvis levt i vatten.[2]
vidareutvecklats och fått spridning genom El
kulturjournalist, som sedan 1972 i flera böcke
människan ursprungligen är en vattenapa.[3]

2 Alister Hardy, "Was Man More Aquatic in the Pa
s. 642–645. Det fanns även en föregångare: Max W
Menschen, Berlin 1942. Westenhofer väckte dock i
väl annat att tänka på under kriget – och förblev

瑞典歷史教學專書中關於草原假說＆水猿假說的建議教案內容。

（圖片來源：Liljegren, B., Danielsson, H., Larsson, H. A., & Nilson, B.〔2012〕. Att undervisa i historia : tusen och ett sätt att inspirera sina elever. Studentlitteratur.）

水猿假說的論據

一、人類可以游泳和深潛，這在其他陸地哺乳動物中是少見的，我們的親戚黑猩猩就不喜歡游泳。嬰兒甚至有一種反射，使他們在頭部浸入水中時能屏住呼吸。

反對觀點：嬰兒的潛水反射是因為他們在出生前在液體中度過了九個月。

二、人類始祖的棲息地，影響了人類對某種景觀的直覺反應和今天的景觀美學。人們喜歡水，看到水景或海景會感到暢快平和，因此擁有海景的房屋房價較高。

反對觀點：擁有海景的房屋價格更高，是因為這樣的房屋比其他景觀的房屋更稀有。此外，對海灘的憧憬是相對較晚的現象。兩百年前，沒有人對躺在沙灘上感興趣。一般來說，人類更喜歡開闊的風景，很可能是因為我們最初在大草原上演化——這也解釋了為什麼人們更喜歡海景。

三、我們沒有毛皮。喜歡水的陸地哺乳動物，如大象、河馬和犀牛，也缺乏濃密的體毛。

反對觀點：海豹和北極熊有厚重的毛皮。

四、人類具備相對較厚的皮下脂肪層。這在陸地生活的哺乳動物中是不常見的。相反，鯨魚、海豹和其他水生哺乳動物都有可觀的脂肪層，以免受寒冷侵襲。

反對觀點：我們擁有豐厚的皮下脂肪是因為過高的食物攝取和缺乏運動。在動物園中的哺乳類動物，因為運動不足且攝取食物過多，也有累積脂肪層的現象。

五、如果我們攝取海鮮中的 omega-3 類脂肪，會感覺更好。這是因為我們的原始飲食包含魚類、海鮮等，這些是在水中找到的食物。

反對觀點：這未必意味著我們是在水域進化的，只是我們最初在湖泊、河流和海洋尋找食物。

六、人類的鼻孔向下，這是為了防止水倒灌。

反對觀點：人類鼻孔的構造和不同人種的主要棲息地息息相關，越寒冷的地方，鼻孔越朝下，這可能和溫度調節更有關係。

討論：後來隨著不斷更新的考古發現，以及對遠古地質環境的認識（例如系統性的比對人類開始直立的時間和當時的實際地質環境），現在水猿假說已經被普遍否定了，今天許多人提到水猿假說，可能還會帶著一絲訕笑。然而在被否定之前，各陣營學者之間曾經如此認真的，透過考古、生物學各方面的論據進行攻防[1]。

一位歷史老師也提到，每當他在課堂上談到哥倫布踏上美洲，卻以為來到了印度時，總有學生覺得很不可思議，甚至有點可笑。這時老師必須強調，這樣的誤解在今天看起來是可笑的，但也體現出新大陸的存在對當時來說，是多麼具有革命性、推翻所有已知的發現。體會人們在面對未知時的心境，還有人類探究、求真的熱情和驅動力，是這個練習的宗旨。

2. 現代的人類（智人）是從哪裡來的？

關於現代人類的來源，主要有以下幾種假說：

a 多地起源假說（出自非洲，各自發展）

1. 作者註：關於這兩派學說的攻防，這裡只列舉了少數例子，還有很多其他有趣的論據和辯證。另外，除了這兩種假說，還有學者提出其他說法。例如人類直立行走是為著減少炙熱的陽光照射；用手而不是嘴巴攜帶物品讓發聲溝通更便利；群體生活的猿人可能需要攜帶食物給群體中的其他成員，所以他們需要用手來收集和攜帶食物等等。

1987 年水猿假說協會（Aquatic Ape Conference）的學者們在荷蘭舉辦學會。他們都對自己的信念充滿熱情並且努力求證。
（圖片來源：Hyparxis, CC BY-SA 4.0, Wikimedia Commons）

b　單地起源假說（出自非洲，智人完全替代早期人類）

c　創造假說（這類假說在不同程度上採納各種科學論證，但是相信地球的創造和人類的演化並不是由自然推動，而是由神推動。這個說法廣受宗教信仰者接受。）

目前根據最新遺傳學（DNA分析）的歷史重建，已經基本上推翻了「多地起源假說」，今天學者們普遍認為現代智人的祖先都來自非洲，並且取代了世界各地的早期人類。（不同人類有透過通婚產生基因交流的現象，但程度有限。）

人類起源的假說涉及了考古學、遺傳學（基因研究）、古生物學、解剖學等領域，作為課堂上辯論練習的主題，也許沒有討論人類直立原因那樣直觀並且能產生共鳴。但是和學生介紹這些假說的共存，可以看到人們對「我們從哪裡來？」這個問題一直有很大的興趣，而且眾說紛紜，各自有所堅持，這很可能是因為「人類起源」這個課題與種族的認同、甚至與人生意義的詮釋都有很大的關聯。

此外，關於足跡曾經遍布歐亞的早期智人尼安德塔人究竟是如何滅絕的，也有很多有趣的假說，常常作為課堂活動的題材。

北京猿人是現代華人的祖先，還是早已滅絕？

北京猿人的發現是中國考古史上的重大突破，也是以前台灣歷史課本的第一冊第一章都會提到的內容。我記得以前有學過北京人、山頂洞人，還有中國的史前文化。這個章節通常不太會考，我囫圇吞棗地背了下來，在懵懂中認定了北京人就是華人的起源。

事實上，自從北京猿人的發現以來，他們和現代華人的血緣關係，也就是說「他們到底是不是中國人的祖先」，一直是一個爭議的焦點。我們應該怎麼把北京猿人這塊拼圖，放在全球考古人類學的全景當中呢？

在周口店遺址博物館網站上，有這麼一段敘述（節錄）：

二十世紀四〇年代，德籍猶太科學家魏敦瑞在研究了北京猿人化石後得出結論：「北京人」是現代黃種人的祖先之一。魏敦瑞發現，北京猿人不少

周口店遺址博物館。（圖片來源：Siyuwj, CC-BY-SA, Wikipedia Commons）

周口店遺址博物館「人類文明之脈源」。（圖片來源：作者提供）

周口店遺址博物館。（圖片來源：Dquai, CC BY-SA 4.0, Wikipedia Commons）

形態特徵與現代黃種人一致，如顏面較平，鼻樑比較扁塌，上門牙向口腔內的一面兩側邊緣較厚，當中凹下，形成鏟形門牙。魏敦瑞還說：「現代黃種人的祖先並不限於北京人。」魏敦瑞認為人類的進化有四條線，包括中國、非洲、東南亞和澳洲各有一條線。中國人這條線由北京人開始，經過山頂洞人傳到現代黃種人。

但有不少人懷疑魏敦瑞的說法。一種觀點認為，北京猿人（直立人）是人類進化過程中走向滅絕的旁支。也有人提出假設：北京猿人的後代大約在六至十萬年前滅絕了，並且被非洲遷移來的智人所取代（單地起源）。儘管有這些說法，但北京猿人作為現代中國人祖先的地位仍未被否定。

一九八四年，美國、中國和澳洲各有一位古人類學家聯名提出「多地起源進化論」。這一學說重申了魏敦瑞關於人類進化的觀點，並避免了魏氏學說的缺陷而以新的理論進行闡述。〔……〕持「多地起源進化論」觀點的學者，透過研究頭骨構造，指明由北京猿人到中國早期智人、晚期智人的逐漸演化的歷史過程，認為中國的智人是由直立人發展而來的，發展過程是緩慢的漸進的。中國直立人與智人有許多共同特徵。新中國建立後，一些考古發現也證明了這一點。學者們也指出，中國本地人種當然也有與其他地區人種間的基因交流，但是不同時期古人類之間的傳承關係是主要的。

北京猿人進入周口店龍骨山一帶的時間，約五十至六十萬年前，離開的時間約在二十萬年前。根據專家考證，其足跡幾乎遍及北半個中國，甚至到了遙遠的川貴之地：寧夏靈武縣水洞溝出土的石器，有北京猿人的文化傳統；甘肅涇川和陝西長武出土的石器，與北京猿人的小石器傳統相近；遼寧喀佐縣鴿子洞舊石器中期文化，是北京猿人文化的延續和發展；河南安陽「小海南文化」「遙承」北京人文化發展；貴州桐梓縣出土的人類牙齒標本，性狀更近於北京人。這些考古發現，是「多地起源進化論」的有力佐證。

千禧年以後最新的遺傳學DNA研究顯示，現代人類（智人）的基因最多只能追溯到約二十萬年前，也就是說，曾經被我們視為「祖宗」的早期人類，例如北京人，和我們之間的血緣關係是很有限的。

然而確認、鞏固各別民族的血緣源頭，對民族認同來說是非常重要的基底，而只有「多地起源論」能支持這樣的信念。

因此，「多地起源論」的學者轉而強調我們和早期人種的「文化」聯結。例如在這段博物館的敘述當中，可以看到鮮少有北京人和現代人之間在基因學或解剖學上強而有力的連結證據，但十分強調後來中國各地古人類有文化上的傳承，並且都「遙承」自北京人文化。

02

如果歷史課本讓你來寫——檢視史料來源

「資訊來源檢視」是「資訊素養」或「媒體識讀素養」最重要的一環，尤其是在媒體多元、資訊量龐大、資訊參差不齊的現代社會，是所有民主國家都不可忽視的素養。

史料是歷史的出發點和基礎。歷史學家透過不同的分析工具來解釋和轉化史料，成為我們口中所謂的「歷史」。

歷史資料和其他資訊的區別

在國語文、社會或其他課上，瑞典學生也會練習使用「資訊檢視原則」來評估報章內容、各種論述的可靠性和傾向性。而面對歷史資料，檢視原則基本上是一樣的，但是應用方法稍有不同。

基於一個歷史學者想要研究和回答的問題是什麼，有時候即使透過可靠性較低的資料，也可以在某種程度上推斷出過去某事件的發展和人們的想法。比如說書信，書信當中經常包含了個人對其他人或事件的主觀描述，客觀性較低。但對於希望研究人們對特定人物或事件有什麼看法的歷史學者而言，書信仍然是很珍貴的資料來源。

史料分析的五個原則

真實原則：為了利益、名聲、宣揚信念或其他動機，偽造史料在古今中外都很普遍。因此對歷史學者而言，檢視史料的真偽常是處理史料的第一步。在鑑定了史料的真實性之後，才能進入以下的評估。

時間點原則：通常描述事件距離越接近，就越可信。時間和空間的距離都會影響描述的準確度。

傾向原則：描述的人是否有可能藉內容獲益？是否有理由說謊或誇大事實？

依賴原則：描述是獨立產生的（第一手）還是依賴其他資料？是否受到之前資料的影響？

有效（相關）原則：資料是否與所提出的問題相關？是否能有效解答提出的問題？

瑞典課堂活動

1. 找出「歷史倒錯」（anachronism）

辨別史料真偽的方法有很多，常用的方法有檢驗古書中蟲洞的分布，墨水的年代等等，也可以對內容進行檢視。其中查找「歷史倒錯」是個重要的方法，如果史料的描述內容不符當時的情況，描述方式不符當時的語言習慣，可信度自然會大減。

給學生一段錯誤百出的「偽史料」讓學生揪出「歷史倒錯」，是瑞典歷史老師常用的課堂練習。這種練習不但能增強學生的歷史記憶內容、培養學生對歷史倒錯的敏感度，在偽史料中添加一些笑料，也是一種活化課堂的方式。

題目一：檢視一段「偽史料」——尼安德塔人與智人的恩怨

以下文字描述了三萬多年前的事件，時代距今甚遠，當時沒有文字記載，最多只能從考古遺址、洞穴壁畫中略知端倪，因此描述內容基本上毫無根基。請你指出文中有哪些「歷史倒錯」的地方？

尼安德塔人的足跡曾經遍布歐亞大陸，而最終被我們的祖先智人所取代。尼安德塔人滅亡的原因一直是許多學者爭論的主題。有些歷史學者相信智人和尼安德塔人之間發生了你死我活的衝突，而有些學者則認為是尼安德塔人本身的生理構造和行為特徵等因素導致他們自己走向滅絕。最近在法國南部的加龍河谷的發現，支持了前者的觀點。

這些發現顯示，大約在三萬四千年前，兩種人類在加龍河南部的田野相遇。尼安德塔人最後的國王Khurgan召集部落，進行最後的拼死抵抗，阻止了智人的入侵。

智人的軍隊從加龍河北部的森林中出現，他們只是龐大智人帝國中的一支區域軍隊，但仍然以二比一的數量超過了尼安德塔人。尼安德塔人團結一氣，率領長毛象擊退了兩波來自智人的衝鋒。然而第三次進攻，經過一天一夜的激戰，尼安德塔人國王Khurgan被標槍擊中，從他的長毛象上跌落。這引發了一場恐慌，尼安德塔人從戰場逃逸，但遭智人追趕並剿滅。

但故事並未就此結束。智人公主，美麗的Murianna，致力於在兩族之間宣揚和平最終卻徒勞無功，事後，她和尼安德塔人王子Golfang一起逃往北方。他們建立了一個繁榮數千年的新部落，並與其他智人族群混合，直到今天我們的基因中仍保留著他們的記憶。

但智人永遠不會原諒長毛象站在尼安德塔人這一邊，將牠們全部捕獵至滅絕。

討論：這段「史料」對沒有文字紀載的史前時代事件描寫得異常詳細，甚至提及當時的人名，可信度非常低。此外，在狩獵採集時代，還沒有王國、帝國、軍隊、戰爭的概念，也沒有「家天下」的朝代體系，自然也不會有公主、王子。

這個活動除了讓學生練習歷史倒錯的概念和察覺倒錯敏銳度外，也配合課堂內容，進一步思考不同的人類起源理論。

題目二：檢視歷史畫作的歷史倒錯

老師讓學生檢視一幅描繪丹麥國王侵略瑞典哥特蘭島的經典畫作。這幅作品的色彩畫面張力十足，具強烈感染力，是藝術的上層之作。但是如果仔細觀察，會從建築、登場人物和人物的裝束上發現很多歷史倒錯的細節。這是因為這幅畫是在事件發生後五百多年後才完成的。

卡爾・古斯塔夫・赫爾奎斯特的畫作《丹麥國王瓦爾德馬・阿特爾戴掠奪維斯比》。丹麥國王阿特爾戴在 1361 年侵略瑞典富饒的哥特蘭島，此畫作描繪他在征服主要城市維斯比後，逼迫市民填滿三桶黃金珠寶，否則就要燒毀城市的經過。除了建築和裝束不符合當時的背景以外，畫面左下方的臘腸犬也是中世紀還未出現的品種。在當時的文獻記載中，都沒有提到這個填滿桶子的事件，只有某些文獻提到丹麥國王阿特爾戴對該地區人民徵收了苛刻繁重的稅賦。
（圖片來源：C. G. Hellqvist: Valdemar Atterdag brandskattar Visby〔1882〕, Public Domain）

2. 史料中的傾向和依賴

題目一：檢視耶穌事蹟的記載

《新約聖經》的〈馬可福音〉和〈馬太福音〉，都提到了耶穌治療病人的相似事蹟，而〈馬太福音〉完成時間比〈馬可福音〉晚了近三十年。老師請學生從史料檢視原則當中的「時間點原則」出發，分析這兩段事蹟記述的可信度、相互依賴性、和撰寫人的傾向。從這個例子我們可以看到，比較晚寫成的史料雖然離實際歷史事件較遠，但經常有更仔細或誇大的情況，從此可以判斷出撰寫人的目的傾向。

題目二：檢視希特勒友人對希特勒的描述

從希特勒童年友人在不同時間點對希特勒的描述，可以明顯看到內容受到其他來源影響的痕跡。

3. 歷史課本你來寫

給學生關於某一歷史事件的多種史料，請學生利用這些史料，寫一段關於此事件的歷史課本課文。完成後全班一起討論各組同學寫的課文。這個練習可以深化學生對歷史事件的了解和記憶，同時也體會彙整史料、呈現史實的難處。

4. 重複、循環的史料檢視練習

瑞典課綱對史料檢視的重視程度，可以從課綱的編排上看出。從國一開始，每一年歷史課的教學項目中都會有史料評估的教學要點，並且聚焦於下述的至少一項。可見課綱的設計團隊相信在了解了檢視資料的原則之後，學生還需要重複循環的練習和意識的強化，才能真正掌握看待、處理資料的正確態度和方法。針對這點，瑞典各地史博館都設有歷史教育與科普團隊，設計非常多的教案和教材供老師自由使用。

瑞典歷史網站 Sveriges Historia 是瑞典全國 39 個博物館為學校老師製作的史料教材資料庫，老師可依據學生年級、主題、主題、和課綱教學要點來搜尋教案。（圖片來源：sverigeshistoria.se）

課綱中關於史料評估的教學要點：

- **考古發現**
- **書信、日記和地圖**
- **教堂、法庭、商業紀錄**
- **新聞報導**
- **視覺的圖像、影音、數位紀錄**
- **學術文章和學術寫作的引用格式**

台灣視角的延伸思考

黃帝族譜的矛盾

黃帝、唐堯、虞舜、商湯、夏禹，這幾位周代之前的聖王的故事，是每個「炎黃子孫」都一定聽說過的。根據歷史記載，這幾位聖王都聲稱自己是黃帝的後代，對血緣系譜也有不同解釋。歷史學者杜正勝在《中國是怎麼形成的：大歷史的速寫》一書中根據史料記載，整理出一個「黃帝族譜」。從這個族譜中可以看出許多歷史記載的矛盾，例如史料指出堯許配兩個女兒給舜，但堯和舜之間相差了四代，難以自圓其說。

堯舜禪讓的美談

堯讓位給舜、舜讓位給禹的美談相信大家都耳熟能詳，「禪讓」是儒家將其道德和政治理想寄託於上古的一種歷史詮釋。然而在其他史料中，能看到不同的描述和解讀。

例如《竹書紀年》當中，描述了堯遭到舜的囚禁和流放：

「昔堯德衰，為舜所囚也。」

「舜放堯於平陽。」

「舜囚堯，復偃塞丹朱，使不與父相見也。」

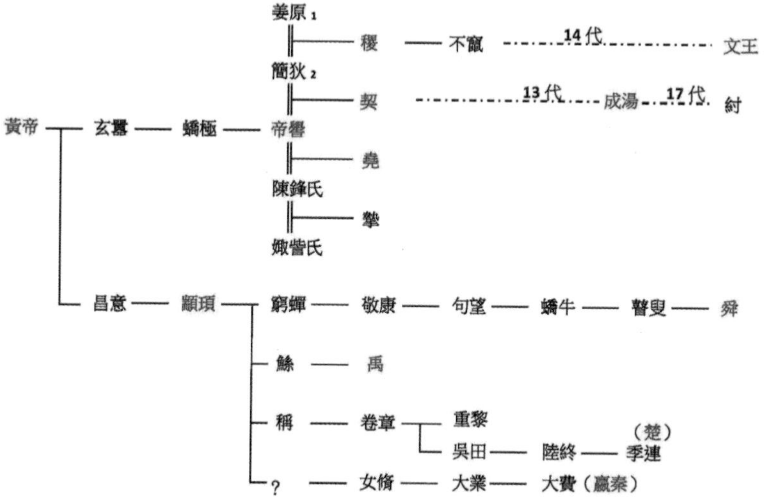

此表採用人類學譜系表的繪製格式，以等號＝代表夫妻關係，橫線代表親子關係，子嗣並排代表手足關係。（圖片來源：杜正勝〔2023〕，《中國是怎麼形成的：大歷史的速寫》。一卷文化）

韓非子（約公元前二八一－前二三三年）的著作則認為堯和舜都是在逼迫下讓位：

「舜逼堯，禹逼舜，湯放桀，武王伐紂，此四人者，人臣弒其君者也。」

他還描述，堯舉兵誅殺其他不滿舜繼位的人，讓所有人噤聲，而且其中一位被殺的反對者就是禹的父親鯀。這和我們印象中的禪讓美談也有很大的出入。

堯欲傳天下於舜，鯀諫曰：「不祥哉！孰以天下而傳之於匹夫乎？」堯不聽，舉兵而誅，殺鯀於羽山之郊。共工又諫曰：「孰以天下而傳之於匹夫乎？」堯不聽，又舉兵而誅，共工於幽州之都。於是天下莫敢言無傳天下於舜。

甚至儒家學者荀子（約公元前三一六－前二三五年）也在著作《正論》中否定了禪讓之說：

「夫曰堯舜禪讓，是虛言也，是淺者之傳，是陋者之說也。」

（以上取材自歷史學者涂豐恩的《世界脈絡×議題思辨－給所有人的中國史》，Ch2-2〈堯、舜、禹：是上古聖王，還是被發明的傳說？〉）

其他可以作為史料評估的題材還有關於秦始皇坑儒的史料，不同史家、史書的記載和觀點也存在許多出入。此外，有關武則天弒女的史書記載，也有離事件時間越遠，卻越生動詳細、傾向明顯的現象。近代歷史中，一窺當時新聞媒體針對四行倉庫保衛戰所做的報導和後續的傳頌作品，可以看到為了鼓舞抗戰決心而做出的渲染。

檢視歷史畫作：《恐怖的檢查》

一九四七年二月二十七日，專賣局查緝員在台北市太平町天馬茶房附近查緝私菸，打傷菸販林江邁，圍觀行人群情激憤，包圍查緝員，查緝員分頭逃竄，其中傳學通在兩百多公尺外的永樂町被緊追民眾摺倒，他開槍示警，

黃榮燦《恐怖的檢查》，1947 年。（圖片來源：Public Domain）

擊中旁觀的市民陳文溪，隔天不治。這起「天馬茶房查緝私菸事件」激起群眾久積的憤怒，導致接下來為期兩個多月的社會抗爭、民間衝突、以及大規模軍隊鎮壓和武力清鄉。

《人民導報》編輯和藝術家黃榮燦用木刻版畫，描寫一輛卡車呼嘯來到，軍警特務人員下車持槍射擊路邊的民眾和毆打正在撿拾地上物品的小販，有人跪地求饒，有人舉手投降，有人受難倒地，卑屈的人民和冷酷的軍警在木刻版畫質樸粗獷的線條中，形成強烈的張力。

然而如果檢視這幅畫作就二二八前夕「天馬茶房查緝私菸事件」的描寫，會發現與後來透過多方史料重建出的事件經過不完全相符。這時我們可以透過史料評估原則，進一步探討這幅畫作為史料的價值和意義。

史料評估原則

- 時間點：此畫作於四月二十八日發表於上海《文匯報》，創作時間應在三月與四月之間，和二二八事件後續的軍事鎮壓和清鄉重疊。

- 依賴性原則：「天馬茶房查緝私菸事件」發生時，黃榮燦人在台北，但並沒有目睹事件發生。這幅畫作是作者在詢問相關目擊者、蒐集資料後製作，並非第一手資料。
- 傾向性原則：黃榮燦任職於《人民導報》，是台灣戰後初期唯一的左派報紙，從民生角度批評時政、針砭政府。

一副歷史畫作不一定局限於一個時間點，而是用靜態視覺畫面呈現一連串事件的印象。雖然就「天馬茶房查緝私菸事件」的描寫來看，此作品和事發經過不完全相符，然而，這幅畫可以被詮釋為二二八事件整體過程中的軍警威嚇、民眾憤怒，以及軍警和民眾之間在資源和權力上不對等；也有學者把它詮釋為從戰後國民政府接收台灣，到二二八事件爆發後台灣民眾的心理圖像。經過以上的檢視分析，可以看出這幅畫作並非第一手資料、也可能含有主觀成分。但是在適當的歷史提問下，這一幀作品作為史料，仍能具有充分的關聯和有效性。

（此題材由新北市立北大高中歷史教師許懿心協助提供）

03

問問題也要練習嗎？——問什麼，怎麼問

「問問題」，似乎是一種人類的天性和本能。但其實問問題也是一種需要練習的技能。不同提問的角度，可以引導我們進行更深刻的思考。

經過史料檢視和問題意識的洗禮後，學生在面對「過去」和「史料」時，多少都能採取一種更懷疑求真的態度。這時就可以進入歷史思維的第一個大重點，那就是認識「過去」和「歷史」的不同。「過去」是所有已經發生過的事，然而所有發生過的事並不見得都是「歷史」，那麼，「歷史」到底是怎麼形成的呢？

人類抬頭看著星空，連接點線畫出星座，找到規律，發展假說，證實時間、季節、

動力等各種定理。「過去」留給我們的史料就像滿天繁星，而「歷史研究」就像從星空建構宇宙的過程。

太陽為什麼打東邊升起？蘋果為什麼掉下來？每一個疑惑都是智慧的根源，我們向自然提問，會得到天文物理等知識。當我們向「過去」進行提問，就能得到歷史知識。

「問問題」，似乎是一種人類的天性和本能。但其實問問題也是一種需要練習的技能。不同提問的角度，可以引導我們進行更深刻的思考。

根據瑞典歷史課綱，完成高中階段的歷史課，不能只會陳述事實，還必須提出質疑。而很多歷史老師發現，很多學生對學習十分認真，卻不見得有質疑的能力。這時歷史老師的工作，不只是要適時運用各種問題讓學生腦袋開機，還必須引導學生自己問出問題。

問問題也要練習嗎？

問題的性質可以分成「無機」和「有機」兩種屬性，無機問題偏向「記憶」、「陳述」、「列舉」，有機問題則偏向「分析」、「評鑑」、和「問題化」2。「有機」的問題通常能激盪出更多討論的空間。

一般來說，最常見的有機問題是探討「為什麼」，然而如果只是列舉成因，往往會停留在記憶答案的形式。此時可以進一步分析「主因」，或是成因A和成因B的相對重要性等等。

此外，還可以帶入評鑑和問題化的意識，分析一件事的成效、後果、對今天的影響、公正性等等。

例如在瞭解了聯合國的組織和工作程式之後，我們可以問的問題還有：

- 聯合國對捍衛人權有何成果？
- 聯合國否決權是公正的嗎？
- 我們為什麼需要聯合國？它在何種程度上履行了功能？
- 如果沒有聯合國，會怎麼樣？

瑞典課堂活動

提問練習：羅馬帝國的陷落

老師給各組學生六段針對羅馬帝國陷落成因的論述。這些論述來自六個不同時代的史家，他們提出的解釋也各有異同。現在，學生必須透過這些論述，就「羅馬帝國為什麼陷落？」這個主軸，提出更多探討性的「有機」問題。這是一個「問問題」的練習，並不要求學生知道問題的答案，學生可以放寬心，大膽的提問。

為了鼓勵學生提出更多元的問題，老師必須提醒學生避免問「瘟疫是羅馬陷落的原因嗎？」這樣的是非題，而是試著問「瘟疫對羅馬帝國的衰敗有多大程度的影響？」擴展討論的空間和向度。老師也可以用懸賞方式鼓勵學生，如果哪一組同學能提出一個必須採用所有史家論述才能回答的問題，就能得到A的成績。（一個例子是：各代史家對

2 作者註：問題化（Problematization）：將一個觀念、信仰、詞語等視為需要檢視的對象，進一步探討其複雜性。也可以翻譯成「置疑化」。

托馬斯・科爾，《帝國的歷程：毀滅》，1836 年。
（圖片來源：Thomas Cole, The Course of Empire: Destruction, Public Domain）

羅馬帝國陷落的解釋，如何影響我們今天對羅馬的看法？）

在整個高中歷史課程，學生們會循序漸進地去了解歷史學者們思考歷史的工具，也就是他們常問的問題、和回答問題的方法，並且了解這些問題是如何堆疊出多種面貌的歷史。然而在把這些別人的想法塞進學生的腦袋之前，讓學生自發的、大膽的提出各種問題，是瑞典老師引導學生自主思考的第一步。

台灣視角的延伸思考

我在瑞典大學教中文，在一門大二程度的中文課上，有關於中國歷史的內容，因此我安排學生針對一個歷史人物做分組報告。雖然這個報告的主旨是語文練習，但是聽瑞典學生報告，我常對他們切入的視角感到驚豔，超出了我想像中交代生平、貢獻、褒貶的內容框架。在更加了解瑞典的歷史課綱之後，我才發現，原來這些有趣又深刻的切入點，是學生敢問問題、會問問題的「提問力」展現。

王翙，武則天像，1736-1795 年。
（圖片來源：《百美新詠圖傳》， CC BY-SA 4.0, Wikipedia Commons）

我在參與大學教師教學培訓課程時，教育系教授常提醒我們，「能正確思考很重要，但是能自由思考更重要」。雖然我的學生在中文課的課堂報告中，不一定能夠對他們提出的問題都提出充分的解答，但是至少在提問的階段展現了很大的思考自由度，也激盪出更多有意思的討論。

以下是一組學生圍繞武則天這個人物提出的問題：

為什麼中國歷史上除了武則天，沒有其他的女皇帝？

歷史學家怎麼評價武則天的功過？如果她是的男的，評價會是一樣的嗎？

在今天的傳媒當中武則天的形象如何？

女皇帝對女性地位的提升有幫助嗎？

在接下來的章節中，敏銳的讀者們會發現以上這些問題，都可以和「歷史思維建構藍圖」中的各項歷史思考產生連結。在看完本書後，也可以再回頭來看看，我們還可以問什麼樣的問題？

04

用一個王族的興衰來劃分所有人的歷史合理嗎？——解讀過去的工具1：歷史概念

為了解釋、理解、問題化歷史，我們也需要各種「歷史概念」。在瑞典課綱中，也稱為「歷史科詞彙」。

有位瑞典歷史老師曾對我說，他相信教育的最終目標，不只是腦袋塞滿別人的想法，而是瞭解這些想法是怎麼來的。

歷史是一門建立在解讀過去的學科。解讀過去的人必須決定要問什麼樣的問題，知道如何選擇可用的資料，還有用什麼方法找到答案。在這個過程中，歷史學者常用「歷史理論」作為思考依據。

「歷史理論」就是解讀過去的思考工具，這聽起來似乎很學術，然而如果希望發展歷史思維和歷史識讀素養，不可能不碰觸到「歷史的形成」，而要理解歷史的形成，也必須對歷史理論有某種程度的理解。

不過，瑞典中學階段的教學重點並不是在於學習歷史理論本身，而是「展示」幾個能引起學生共鳴並且引導思考的例子，讓學生「察覺」到這些思考依據的存在，並且意識到它們如何影響我們對過去的解讀。

在瑞典歷史課綱中，學生會接觸到的歷史解讀工具有以下三種：

- **歷史概念**
- **歷史研究方法**
- **史觀**

歷史概念：談歷史時必要的詞彙

不管是哪一種科目，都存在一套特有的概念／詞彙用來進行描述和思考，在數學科有正負、座標、方程式。在語言課上，我們需要用到詞性、時態等等語法概念。而為了解釋、理解、問題化歷史，我們也需要各種「歷史概念」。在瑞典課綱中，也稱為「歷史科詞彙」。

學科教育的一個重點就是讓學生理解和練習那些重要、有用的概念／詞彙，讓學生能更方便、準確地透過語言表達和思考。

瑞典課程大綱羅列了幾個必須貫穿歷史教學，讓學生練習的概念：

一、時代劃分概念

歷史學者使用「時代」的概念來將時間劃分為更小且更易處理的段落，每個時代都有其具代表性的特質。歐洲史通常劃分為史前時代、古文明時代、古典時代、中世紀、早期現代和現代。這些時代都是歷史學家建構的，對於如何劃分往往存在不同的觀點。

中國史學傳統上常用帝王朝代作為劃分依據，這也是可以「問題化」的劃分方法。

二、分析概念

- **延續和變革**：延續和變革是兩個相關聯的概念。延續代表那些隨著時間推移仍然不變或變化很少的事物。變革則是隨著時間而變化的事物。
- **因果**：因果的概念用於指出一個事件的原因、動機、後果等。
- **身分**：身分的因素包括種族、性別、階層、地域等等，這些因素都會影響人們的經歷和認知。簡而言之，身分概念描述在歷史中人們作為群體或個體，如何看待自己和他人。

瑞典課堂活動

在瑞典國家史博館親身體驗具象化的學校課綱

為了解釋、理解、和問題化歷史，我們需要各種「歷史概念／詞彙」。瑞典歷史課綱中羅列了「時代劃分概念」和「分析概念」，這些概念到底該如何理解呢？

參觀歷史博物館是各國歷史課綱，包括台灣和瑞典，都鼓勵師生進行的教學活動。在這裡我想走出教室，帶讀者一起到瑞典的國家歷史博物館看看。

瑞典國家歷史博物館的策展團隊，也是設計瑞典歷史課綱的主要成員。走過幾個主要展覽，就好像親身體會課綱的設計理念。

一、時代劃分概念

朝代、年表等時間線可以說是我們對「歷史」最直觀的認識，以時間為基準的歷史參考框架對任何學歷史的人來說都是不可或缺的。

在歷史博物館的主要展廳，訪客沿著腳下的「紀年時光帶」一步步向前走，在年份下面有時添上幾筆歷史描述，通常都是哪個王即位、哪個戰爭開始等傳統上常用的歷史斷代依據。時光帶經過的寬闊展廳則展示當時的社會樣態。

在課堂上，瑞典歷史課綱也是以編年的脈絡為主軸，而在沿著時間線瞭解歷史的同

走過時光的傳輸帶，一窺當時社會的樣貌。（作者提供）

時，歷史課綱也引導學生去質疑：

- 用帝王朝代更迭、耶穌的出生作為斷代依據，會如何影響我們對歷史的認識？
- 新舊石器時代、維京時代、冷戰時代等時代劃分的依據和動機有哪些？[3]

二、分析概念

走完主展廳，來到一個像是機場候機大廳的地方，數個登機門一字排開，仔細一看，每個登機大門都是一個跨越時空的「主題」，其中包括：

- **你的世界有多大？**

走進這個登機們，展覽的主題是人類在過去對世界地理的認知和探索，還有在世界上移動的範圍和軌跡。

- **你怎麼理解這個世界？**

人們的世界觀從何而來？我們對世界的知識是如何生成和呈現，被誰生成和呈現？

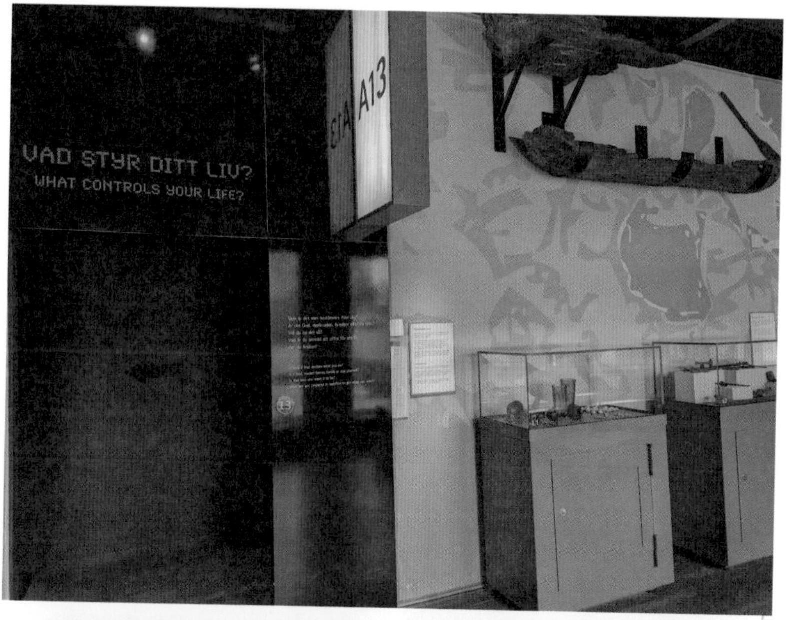

飛越歷史的候機室和登機門。（作者提供）

等。

- **資源和財產是如何安排？**

人類在歷史上如何分配財產和占有資源？其中也包括奴隸制度的淵源、演變和反思等。

一步一腳印地走完時間線，在候機廳歇歇腳，再走向一個個登機門，好像跟著歷史離地起飛，循著不同航線橫跨交錯的時空。仔細瀏覽每個主題展覽的內容，會發現其中充斥著延續、變革、因果、身分等的分析概念詞彙。展廳介紹說：「在這裡，你置身於更大的背景中，並被迫圍繞著某一個問題思考。現在與古代相遇了，看著過去，但投射的是今日的你和我。」

3 作者註：關於時代劃分概念如何在瑞典課堂中呈現和問題化，讀者可以參考我的著作《思辨是我們的義務》當中描述瑞典歷史老師和學生討論「維京時代」的章節。

中國歷史的時代劃分

歷史時代的劃分條件，在於把握一個時代的「共象」，作為劃分依據。除了用帝王朝代為依據之外，還有許多標誌不同「時代特色」的劃分方法。例如歷史學者杜正勝在《中國是怎麼形成的》一書中，提出「萬年中國史三期論」，為中國的社會體制形態提供了一個大歷史的速寫。

按照萬年三期論的劃分，過去一萬年的中國史當中，前五千年是新石器時代的農業定居聚落型態，稱為「原始社會」。後五千年則劃分成兩段，前段是五帝和三代，稱為「城邦時代」；在兩千多年前，封建城邦逐漸轉型為「郡縣帝國」，是「編戶齊民時代」的開始。此後，中央集權的皇帝握有絕對權威，藉由編戶齊民鞏固農力和兵力，這樣的國家形態雖然歷經眾多王朝，但其本質一直持續至今。

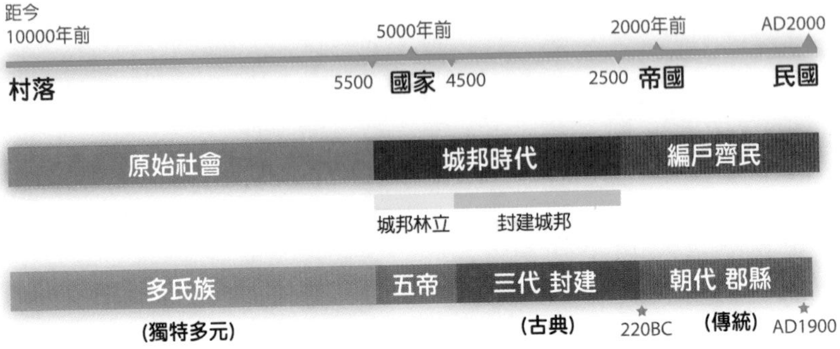

萬年中國史三期論。
（圖片來源：杜正勝〔2023〕。《中國是怎麼形成的：大歷史的速寫》。一卷文化）

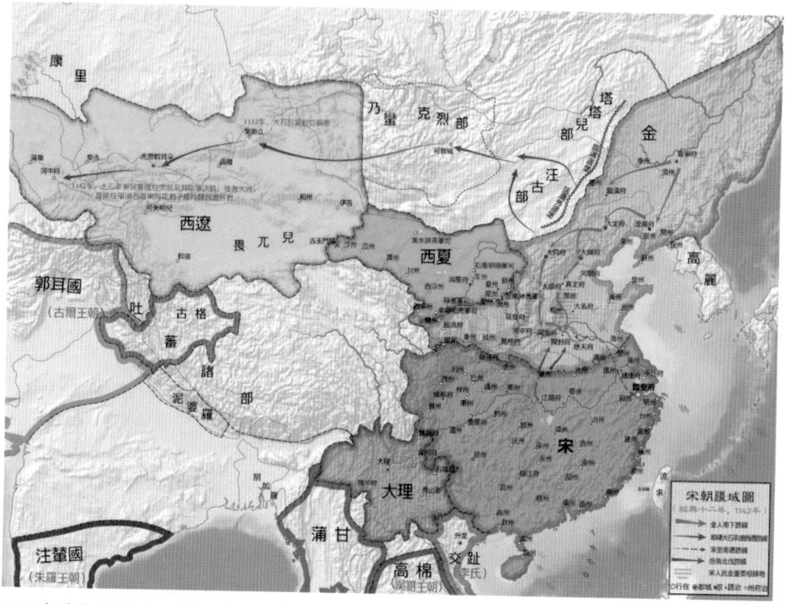

1142 年南宋疆域圖。（圖片來源：玖巧仔 , CC BY 3.0, Wikimedia Commons）

從歷史分析概念的角度來看，偏重歷史的延續或變革，會反映出不同的時代劃分方式，像「萬年三期論」這樣的大歷史敘述，把著眼點放在權力組織形態的「延續性」上。它凸顯出過去中原曾經存在相對自主的邦國，統治階層的權力並非集中在一人手中，然而在其後超過兩千年的編戶齊民時代，一人獨裁的中央集權制一直牢不可破，很大程度固化了中華傳統對權力和國族的想像。不一樣的時代劃分依據，也反映了對歷史本質不一樣的關懷。

「宋代」&「宋遼金元」

我們都很孰悉唐之後是宋，宋之後是元的時代連貫，然而這樣的敘事很難呈現從唐代結束到蒙古帝國滅南宋的三百年間，漢、契丹、女真、蒙古等民族政權在中原的共存、競爭和更迭。以「宋遼金元」來表述這個時期，更能體現當時的時空架構。

（此題材由新北市立北大高中歷史教師許懿心協助提供）

05

一個人的死是悲劇，一百萬人的死是數據？——解讀過去的工具2：研究方法

計量研究和微觀研究用很不一樣的方式向我們呈現過去的光與影，兩種方法也都不容忽視。

在進行歷史研究的時候，有各種處理和運用資料的方法，這些研究方法分為兩個主要類別：「量性方法」和「質性方法」。

量性方法透過數據和統計進行分析。使用這種研究方法的歷史學者通常更關注結構而非個體行動者。例如，可以透過麵包的價格等數據，瞭解在法國大革命爆發前幾年農民的經濟狀況。使用量性的歷史研究方法時，稅收、薪資紀錄、生產、人口等數據，或

是能夠進行統計分析的大筆資料，例如法庭、教堂、宗廟、地契文件的資料庫，都是常見的資料來源。

質化方法則著重於在細節中建立意義，對文字、圖像材料做仔細地閱讀和剖析，信件、訪談、自傳等都是可用的資料。

這兩種方法並不是對立的存在，常常需要搭配使用。

瑞典課堂活動

計量歷史和微觀歷史的整合：黑奴經濟的研究

一個同時很具代表性又具爭議性的計量歷史研究，是諾貝爾經濟學獎得主羅勃．福格（Robert William Fogel）對美國南北戰爭前奴隸經濟的總體分析。在此研究之前，人們一般相信北方工業資本家更有手腕，自由勞工的生產意願和效率更高；相對的，南方莊園主不思進步，奴隸體制落後，沒有自由的黑奴生產力低下，就算沒有南北戰爭，也會自己走向歷史終點。

然而福格調查並蒐集了南方莊園的交易紀錄、家庭帳本等數據，運用現代計量經濟和統計方法分析數據，發現南方奴隸制農業的經濟效益很高，欣欣向榮，還發現很多違反當時人們想像的實態，例如，當時北美和歐洲的白人勞工階層在基本溫飽條件和預期壽命上，並沒有比黑奴更好。由於黑奴的生產效益很高，提供讓黑奴能夠持續工作的最起碼溫飽條件，是奴隸主的理性行為。

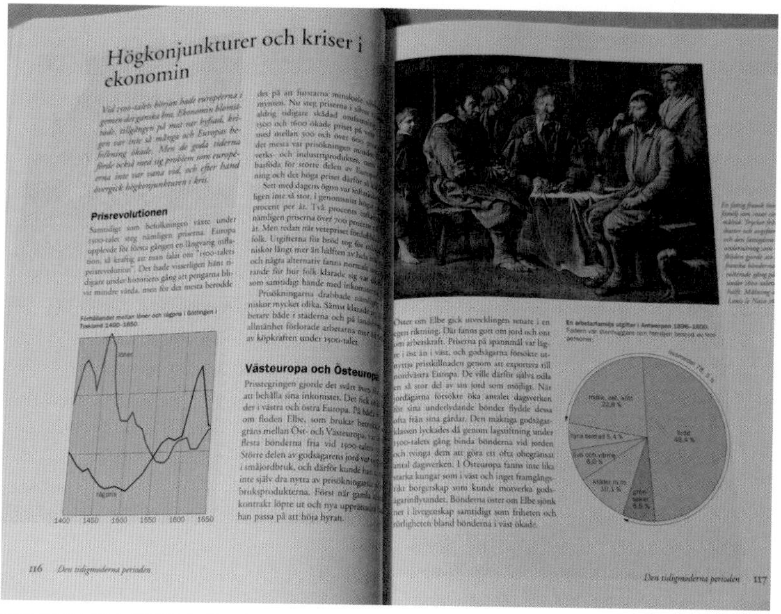

瑞典的歷史課本常用圖表呈現人口成長、人口職業組成、物價等數據，輔助學生了解過去。（圖片來源：高中歷史課本 Nyström, L., Nyström, H., & Nyström, Ö.〔2021〕. Perspektiv på historien 1b. Gleerups Utbildning.）

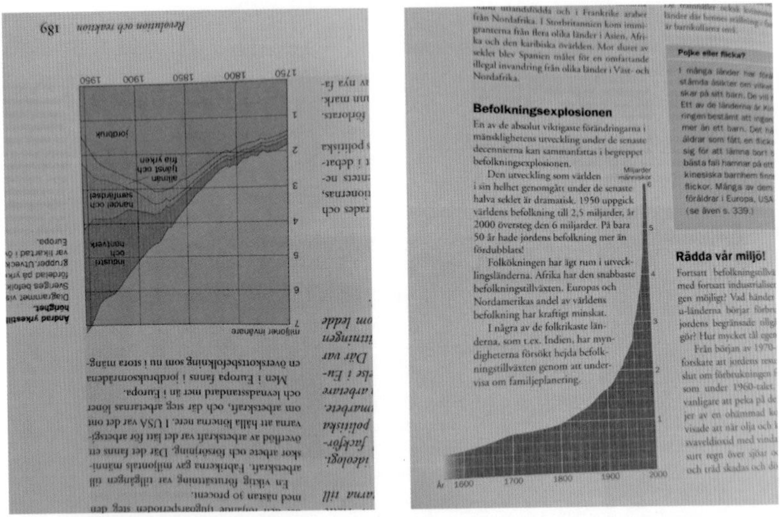

Befolkningsexplosionen

En av de absolut viktigaste förändringarna i mänsklighetens utveckling under de senaste decennierna kan sammanfattas i begreppet befolkningsexplosionen.

Den utveckling som världen i sin helhet genomgått under de senaste halva seklet är dramatisk. 1950 uppgick världens befolkning till 2,5 miljarder, år 2000 översteg den 6 miljarder. På bara 50 år hade jordens befolkning mer än fördubblats!

Folkökningen har ägt rum i utvecklingsländerna. Afrika har den snabbaste befolkningstillväxten. Europas och Nordamerikas andel av världens befolkning har kraftigt minskat.

I några av de folkrikaste länderna, som t.ex. Indien, har myndigheterna försökt hejda befolkningstillväxten genom att undervisa om familjeplanering.

Rädda vår miljö!

瑞典的歷史課本常用圖表呈現人口成長、人口職業組成、物價等數據，輔助學生了解過去。（圖片來源：高中歷史課本 Nyström, L., Nyström, H., & Nyström, Ö.〔2021〕. Perspektiv på historien 1b. Gleerups Utbildning.）

Tabell 2 Köttkonsumtion.
Årlig per capita-konsumtion av kött i olika populationer under 1800-talet.

Plats	År	Kilo
Australien	1890	112
USA	1879	84
Slavar i USA	1860	81
Paris	1850	72
Slavar på Cuba	1857	57
Arbetare i Massachusetts	1873	55
Berlin	1850	48
Storbritannien	1890	48
Antwerpen	1850–59	41
Slavar i Surinam	?	40
Tyskland	1894	40
Frankrike	1890	34
Österrike-Ungern	1890	29
Nederländerna	1899	22
Ryssland	1890	22
Italien	1890	10

1800 年間，美國黑奴平均每人每年吃 81 公斤的肉，美國人整體平均為 84 公斤。當時的歐洲國家則多在 30-40 公斤之間。如果和現在做一個對照，在 2020 年美國每人每年吃肉約 120 公斤，台灣、瑞典和歐盟國家約 70-80 公斤，日本和中國各約 50、60 公斤，非洲約 20 公斤。（圖片來源：Liljegren, B., Danielsson, H., Larsson, H. A., & Nilson, B.〔2012〕. Att undervisa i historia. Studentlitteratur.）

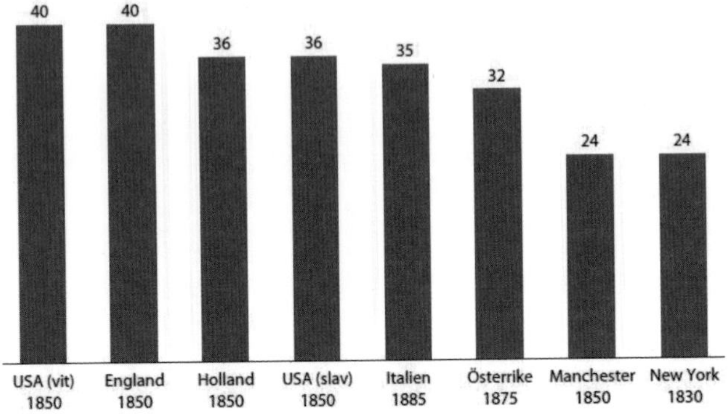

Diagram 2
Genomsnittlig livslängd.

1800 年間，美國黑奴的平均壽命為 36 歲，與當時的荷蘭人、義大利人差不多，而紐約、曼徹斯特等工業城市居民的平均壽命則只有 24 歲。當時的平均壽命主要受幼童死亡率左右。在工業革命初期，大量人口聚集到都市，居住環境擁擠並且缺乏基本公共設施，讓衛生條件低落，感染病肆虐，加上女性在生育前後都必須長時間勞動，生育環境嚴苛，幼童死亡率居高不下。相對而言，黑奴多分布於農莊，並且由於 1808 年起禁止進口黑奴，黑奴孩童被視為重要的潛在生產力，生存和生育環境比都市稍好。（圖片來源：Liljegren, B., Danielsson, H., Larsson, H. A., & Nilson, B.〔2012〕. Att undervisa i historia. Studentlitteratur.）

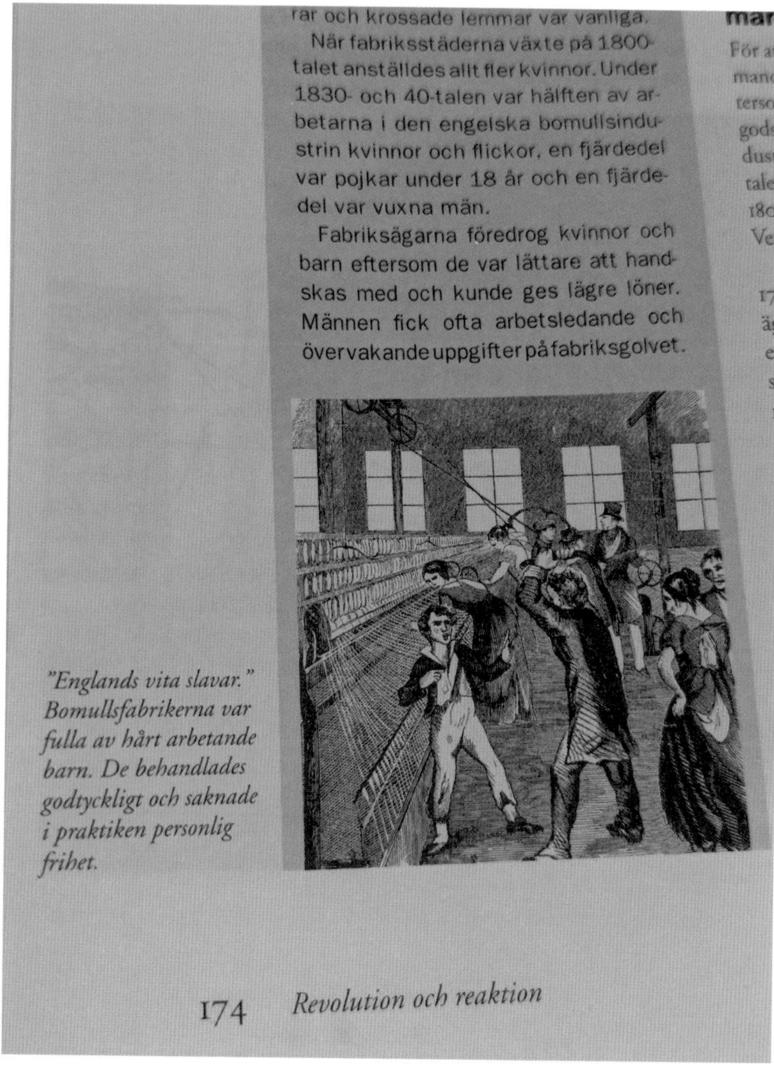

rar och krossade lemmar var vanliga.

När fabriksstäderna växte på 1800-talet anställdes allt fler kvinnor. Under 1830- och 40-talen var hälften av arbetarna i den engelska bomullsindustrin kvinnor och flickor, en fjärdedel var pojkar under 18 år och en fjärdedel var vuxna män.

Fabriksägarna föredrog kvinnor och barn eftersom de var lättare att handskas med och kunde ges lägre löner. Männen fick ofta arbetsledande och övervakande uppgifter på fabriksgolvet.

"Englands vita slavar." Bomullsfabrikerna var fulla av hårt arbetande barn. De behandlades godtyckligt och saknade i praktiken personlig frihet.

174 *Revolution och reaktion*

黑奴摘下的棉花送到英國的紡織廠由「白人奴隸」加工。紡織廠以童工和女工為主，因為他們最廉價而且順從，男性通常擔任監工職位。勞工在經濟窘迫中被迫長時間工作，幾乎沒有個人自由。（圖片來源：Nyström, L., Nyström, H., & Nyström, Ö.〔2021〕. Perspektiv på historien 1b. Gleerups Utbildning.）

・微觀的黑奴自述

《自由之心》：所羅門・諾索普（Solomon Northrup）在自傳中的描述（作者譯）

在清晨天一亮的時候，奴隸們必須立即進入棉田工作，除了中午給予他們十到十五分鐘的時間吞嚥冷培根和玉米餅的配額外，他們不被允許有一刻的休息，直到天黑看不見為止，如果在月圓之夜，他們往往工作到半夜。他們不敢停下來，直到監工發出停工的命令。

田地工作結束後，他們運送棉花到棉花處理廠秤重。無論多麼渴望睡眠和休息，奴隸們在前往棉花處理廠時總是心驚膽戰。如果棉花採集的重量不足要求，必須受罰。如果超過了十或二十磅，主人會提高第二天的工作要求。因此，無論太少還是太多，總是充滿恐懼。

秤重之後，接著就是鞭打；然後他們得把籃子運到倉庫，再把棉花推放、壓實。完成這些工作，這一天的辛勞還遠未結束。接下來，每個人都必須就著燭光處理他們各自的雜事。餵驢子、餵豬、砍柴等等。最後，到了深夜，他們才回到小屋。他們在小屋裡

所羅門・諾索普（Solomon Northrup）的自傳《為奴十二年》（*Twelve Years a Slave*）成為電影《自由之心》的基礎。（圖片來源：Public Domain）

生火，磨玉米粉，準備晚餐以及第二天在田地裡的午餐。他們的食物只有培根和玉米餅，每個人每週的配額是三磅半的培根，以及一盆玉米粉。

天亮前一小時吹響號角，奴隸們醒來，準備早餐，用一個葫蘆裝滿水，另一個裝著午餐，然後匆匆回到棉田開始工作。天亮後在屋子裡被發現的奴隸，通常會遭到鞭打。他們又開始了另一天的勞動和恐懼，直到一天結束，休息是不能想像的。

《湯姆叔叔的小屋》：喬賽亞・漢森（Josiah Henson）在回憶錄中的描述（作者譯）

漢森在馬里蘭州的蒙哥馬利縣的奴隸莊園度過了三十年。他的父親在他三歲時就被轉賣，後來他和家人也遭轉賣拆散。和母親離散後，他生了一場重病，無法勞動，他的奴隸主把他賣到母親的莊園，在母親身邊他逐漸痊癒，並且在這個莊園勤奮工作三十年，很受領主重用。

後來，他用畢生積蓄意圖贖回自由，但主人毀約，並且打算把他轉賣到別處，面臨和妻小離散的命運，他和家人展開長達六週的步行逃難，前往加拿大。獲得自由後他成為牧師、奴隸制度廢除的倡導者，並在加拿大建立了幫助逃亡奴隸的收容所。他的回憶

中文版《湯姆叔叔的小屋》。（圖片來源：東方出版社）

喬賽亞·漢森（Josiah Henson）。（圖片來源：Public Domain）

錄於一八四九年出版，成為哈利葉．史托（Harriet Beecher Stowe）的著名反奴隸制小說《湯姆叔叔的小屋》（一八五二年）的基礎。

以下是在漢森回憶錄中的描述：

農場上的奴隸主要以玉米粉和鹽鯡魚為食，夏天會加一點酪乳和一些蔬菜，這些蔬菜是每個奴隸和家人在分配的一小塊地上種植的。我們從天亮開始工作，一天有兩餐，中午十二點的早餐，和當天所有工作結束後的晚餐。在忙碌的季節，我們有三餐。我們的服裝是粗麻布。孩子們只有一件襯衫，大人根據性別加上一條褲子或一條裙子。在冬天，我們穿一件短外衣或外套，兩三年換一次羊毛帽，每年換一次粗鞋。

我們住在木頭小屋裡，地上沒有地板，只有光禿禿的地面。在一個房間裡，十到十二個男人、女人和孩子們像牲口一樣擠在一起。我們不冀望任何舒適或端莊，屋子裡既沒有床架，也沒有任何家具。我們睡在一堆隨意拋在角落的稻草和舊布上，或是睡在一塊木板上，頭部墊著一件舊外衣，雙腳在冒煙的火前烘烤。風、雨、雪從裂縫中吹進來，濕氣滲透到地面，使地面變得像豬圈一樣的泥濘遍布。這就是我們的房子。在這裡，我們在夜間被鎖起來，白天被餵食；在這裡，我們的孩子出生，生病的人被忽略。

福格本身強烈反對奴隸制，他的計量經濟研究並不是為奴隸制背書，相反的，當奴隸制比人們想的還具有經濟上的效益，道德層面的檢視就顯得更加重要。此外，這項研究也突顯出一個尷尬的現實，那就是「自由」的勞工也可能面臨非人道的壓榨。看清這一段歷史，人們被迫思考，「人力」作為商品，應該在什麼樣的法則下運作才能維護、發揚人的尊嚴？計量歷史和微觀歷史用很不一樣的方式向我們呈現過去的光與影，兩種方法也都不容忽視。

台灣視角的延伸思考

計量歷史學的研究，為詮釋過去帶來了很豐盛的成果。例如有許多學者統整大量的科舉錄取名冊和族譜文獻，統計出平民出身（祖父輩沒有功名）的個人透過科舉取得官職的案例，探討科舉制度對階級流動的影響。

也有學者透過荷蘭統治台灣時期的貿易紀錄，統計出當時台灣的殖民經濟為荷蘭東印度公司帶來的巨大收益，但根據台灣農民抵抗荷蘭當局的記載，可以判斷繁榮的經濟成果並沒有反映到當地的民生上。

（此題材由新北市立北大高中歷史教師許懿心提供）

06

「二次世界大戰是希特勒引起的。」你贊成嗎？
——解讀過去的工具3：史觀

史觀就像是一盞盞探照燈，不同史觀從不同角度照亮了歷史的某些角落，也都有其照不到的地方。所以沒有任何一種史觀比其他更重要，它們都是歷史全景的一部分。

「史觀」顧名思義，就是我們看待歷史的方式，這個詞涵蓋的定義非常多，而瑞典歷史課綱把重心放在「歷史驅動力」的分析上，並且選擇了四個「著眼點」作為教學的重點，這些著眼點分別是：個體、結構、唯心、和唯物。

個體與結構

「個體」是指對歷史有重大影響的個別人物，而「結構」則是影響歷史的社會、政治和經濟因素。歷史是在個別人物的引領下發生，還是結構的產物？

例如第一次世界大戰的爆發。我們都在歷史課本中學過，西元一九一四年奧匈帝國王儲斐迪南大公被塞爾維亞人殺害，奧匈帝國在要求塞爾維亞處置未果，便對塞爾維亞開戰。

斐迪南大公的死經常被視為第一次世界大戰的起因。然而如果著眼於結構，就會更關注國族主義、帝國主義和當時各國之間的緊張軍事關係。

結構通常被視為歷史事件的潛在因素，而個體則是觸發的因素。

唯物史觀和唯心史觀

「唯物主義」和「唯心主義」原是一個哲學的討論，探討物質和意識之間的關係。

在還沒有人類意識之前，物質世界已經存在；然而我們對物質世界的認知，取決於我們的意識。「如果沒有人聽到樹林裡有棵樹倒了，那麼這棵樹發出了聲響嗎？」這是一個很耐人尋味的哲學問題。

然而就歷史學來說，「唯心史觀」和「唯物史觀」探討的是：「歷史的驅動力是來自人的思想意志，還是物質環境和生產條件」。

拿法國大革命為例，偏重唯心史觀的學者可能認為新的思潮，例如自由平等思想，是促成大革命的主因。而唯物史觀則著眼於物質環境和生產方式，例如圈地運動、殖民經濟和工業革命，使社會產生新的階級和權力的不平衡，最終導致革命。（更多關於圈地運動的描述，讀者可以參閱我的著作《思辨是我們的義務》）

「個體」&「結構」史觀的不同在於解釋歷史時，著眼於「一小撮人」還是「整體結構」。而「唯心」&「唯物」史觀的不同則是在於著眼「人類塑造環境」，還是「環境塑造人類」。

史觀就像是一盞盞探照燈，不同史觀從不同角度照亮了歷史的某些角落，也都有其照不到的地方。所以沒有任何一種史觀比其他更重要，它們都是歷史全景的一部分，常常需要互項結合和補充，而有時某種史觀更適合解釋特定事件，這完全取決於我們想要回答的問題和想突顯的內容。

就一個歷史主題，例如「勞工組織的發展」，也可以用這四種史觀的排列組合，來探究勞工運動背後的主要人物、結構背景、思想基礎和生產方式等等。

認識史觀的目的為何？——歷史識讀工具

歷史課的「學生」在走出校門之後，都會成為歷史產品的「消費者」，從媒體報導和社會議論當中接觸到關於以阿戰爭、工會罷工等等現代議題的歷史背景論述。身為各種產品的消費者，我們都會在意產品原料、成分，也會在乎加工生產方式。那麼身為歷史消費者，我們需要具備什麼意識？

在義務教育有限的時間框架下，歷史課有兩個責任，一是給學生更多歷史內容知識，二是引導學生成為能自主批判的歷史消費者。至於這兩者各要占去多少課堂時間，總是有很多掙扎和取捨。

瑞典的歷史課綱企圖定義出學生在出社會之前「最起碼」必要的歷史識讀工具。針對這一點，他們選擇割捨一些學習歷史內容的時間，把它花在引導學生去「察覺」各種史觀，就是希望學生未來在面對各種「歷史產品」時，能夠意識到其成分和生產流程，成為更敏銳的消費者。

瑞典課堂活動

1 第二次世界大戰的起因

我的先生在瑞典高中擔任歷史老師，他從小就對歷史很感興趣，歷史成績一直很不錯。他有個從小一起上學的好朋友P，P對歷史興趣平平，成績總是在及格邊緣。然而有一次，P的一份歷史報告成績比我先生還高，他們到現在還常常談起這件事。

國三那年，歷史老師出了一份歷史作業，題目是「二次世界大戰的成因」。在報告中，我先生分析了一次世界大戰和巴黎和會以後各國之間的經濟和軍事矛盾，藉此解釋

「擴張生存空間」的意識形態如何在德國蔓延。

而P的報告，則通篇只關於一個人——希特勒。他選擇描寫希特勒的生平，從他的童年開始寫起，洋洋灑灑細數人生歷程，並解釋納粹思想如何在他心中萌芽。

後來兩人的報告都拿到不錯的成績，但P的成績略高，老師解釋，兩人從不同視角出發，都對歷史作出了合理的解釋，而朋友P的寫作架構更好，我先生在內容的組織和表達上還有需要加強的地方。P拿到高分後非常開心，也對歷史產生更大的興趣。

這樣的歷史作業是在瑞典學校很典型的歷史期中或期末報告，請學生分析一個歷史事件的前因或後果，但是沒有預設正確的詮釋方式，宗旨是讓學生們察覺到，詮釋過去的方式是如此之多，而且如此不同，每種史觀都有它照射的角度，照亮了歷史的不同角落。

2 法國大革命起因排名TOP 3

列舉出法國大革命的起因，請學生排名他們覺得最重要的前三名主因，並且討論為什麼這樣排名。這個討論沒有正確的答案，卻能凸顯出每個同學在解釋歷史的時候，會傾向採取不同的著眼點，也可以藉此思考自己的選擇更偏向人物、結構、思想、生產方式，還是都有？

美國獨立戰爭的戰爭債務	第三等級（貴族、教士以外的公民階級）有號召力的領袖
七年戰爭的失利	國王力量薄弱和無能
人口增長緩慢	強大而保守的教會
啟蒙運動思想的啟發	不平等的政治體制
美國革命的啟發	不平等的經濟體制
受英國議會制的啟發	封建制度的殘留和貴族的權力
來自工業化英國的競爭	農民的境遇
君主專制	宗教分裂（天主教徒和反對君主專制的新教派：胡格諾派）
國家負債累累	地方政府的低效率
糧食和麵包價格上漲（歉收和饑荒）	

1793 年，路易十六被送上斷頭臺 。
（圖片來源：Isidore Stanislas Helman, The Execution of Louis XVI in the Place de la Revolution on 21 January 1793, Public domain）

3 冷戰是誰的錯？

就像對於大多數歷史事件一樣，歷史學家對於冷戰發展的解讀存在許多爭議。到底誰是推動衝突的一方？誰導致了衝突的升級？是蘇聯還是美國？

分析歷史驅動力的練習活動

你和同組同學拿到一疊寫了不同歷史事件和現象的卡片，這些事件和現象常用來解釋冷戰的成因。

在桌上標示「美國」和「蘇俄」，將卡片依國家和重要性順序，分別排列在兩國標示下。不重要的卡片可以丟棄，也可以在空白卡上寫下其他成因。

當所有的卡片都排好後，計算「美國」和「蘇俄」的卡片數量，並評估它們的重要性。你們認為是誰主導了冷戰？

促成冷戰局勢的因素

—領導人之間的猜疑：歐美對蘇聯抱有忌憚，在俄國大革命期間支持沙皇，蘇連成立後多次透過戰略牽制或削弱蘇聯。

—蘇俄以東歐為政治和經濟腹地：歷史上，東歐多次成為蘇俄緩衝外來攻擊的腹地。

—東歐被迫成為共產主義國家：在二戰後，德國占領下的東歐交由蘇俄，蘇俄將東歐納入蘇聯版圖。

—亞州、拉丁美洲相繼赤化

—以阿衝突

—丘吉爾在一九四六年的富爾頓演講中使用「鐵幕」一詞

—杜魯門主義（一九四七年）：美國在

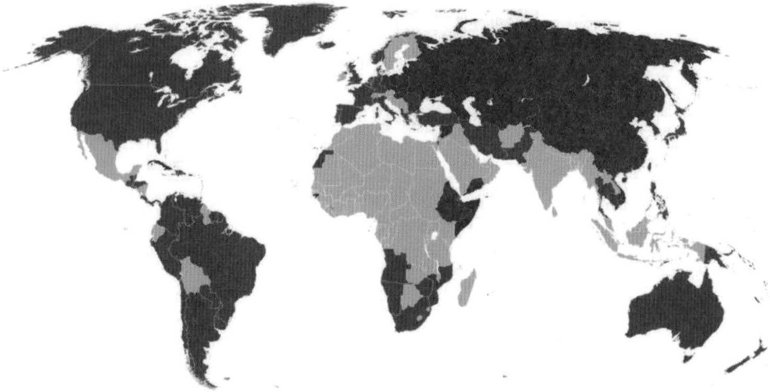

世界冷戰局勢。（圖片來源：Vorziblix, CC0, Wikimedia Commons）

世界各地援助反共政權的先例，並建立一套針對蘇聯的全球軍事聯盟。

－柏林封鎖（一九四八年）：二戰後美、英、法、俄暫時占領德國，俄國在占領地導入共產體制和計畫經濟，確定了西德 vs 東德的局勢。

－馬歇爾計畫（一九四八年）：美國透過經濟援助，復甦戰後民生，遏止共產黨的影響力。

－布拉格政變：蘇俄展示其對反蘇聯勢力的強硬鎮壓。

－北約成立（一九四九年）

－自訂卡片

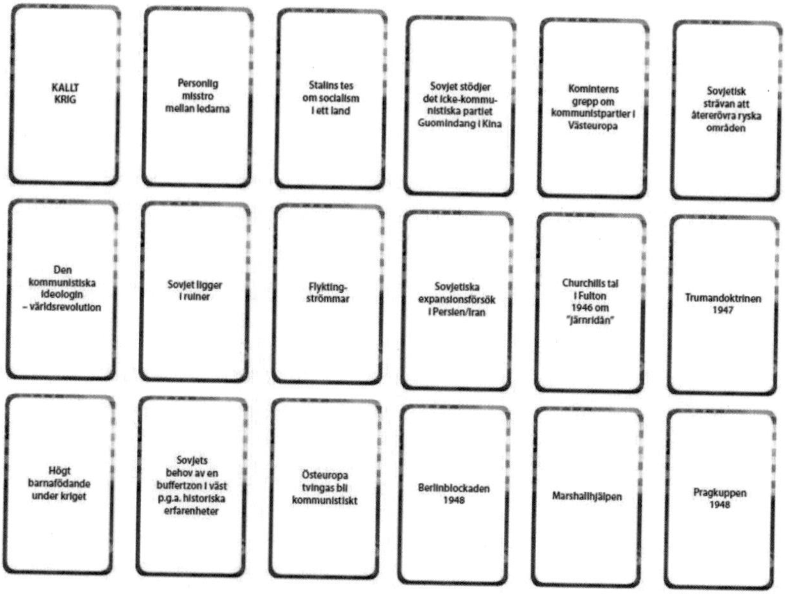

冷戰成因的卡片。（作者提供）

討論：針對此議題的三種常見理論

一、傳統理論

「傳統理論」在二次大戰後曾經是主流的詮釋。根據這一理論，蘇聯是積極主導的一方，而美國起初持保留態度，直到蘇聯在一九四五年至一九四七年間在東歐實行擴張政策，在納粹德國前領地國家導入共產主義體制和計畫經濟，這造成美國在一九四七年的杜魯門主義和馬歇爾計畫，變得更加積極。

二、修正理論

修正理論的支持者認為蘇聯是防禦性的一方。考慮到俄羅斯（和蘇聯）的歷史經驗，例如在拿破崙征俄戰爭、德國兩次世界大戰的入侵，蘇聯必須在東歐建立一個防禦體系，也就是一同依循共產意識形態的「友好」東歐國家。這些國家形成一個「緩衝區」以防止新的入侵。這種強國一聲令下，建立地緣秩序的做法，也正是美國的作風。

此外美國從二戰開始就對蘇聯有各種排擠和警告的舉措。例如原子彈的使用，有評論者認為原子彈作為一種國力的宣揚，與其是針對日本，也有很大程度是針對蘇聯的警告。此外，美國在全球積極提供的經濟援助，被視為針對蘇聯的一場宣傳戰。

三、後修正理論

最後，後修正理論只分析兩國各自政策的動機，至於「罪責」的論斷，採納後修正理論的學者認為對歷史動機或結果做出正面或負面評價，常常基於事後諸葛，而且受評論者的價值觀影響至深，這不屬於歷史學者的工作範疇。

推動歷史的動力

在冷戰期間，兩個超級大國的行動背後存在強權政治、經濟競爭和意識形態的動機。擴張影響力可以帶來政治和經濟上的優勢，同時也可能是傳播自身意識形態的一環。當這些因素相互交織在一起時，要區分它們是困難的。

美蘇雙方都視認為自己有義務傳播各自的經濟和政治信念。蘇聯認為按照馬克思和列寧的藍圖，全世界將不可避免地走向革命，最終實現一個沒有階級的共產社會。

美國認為「自由」是所有人類追求的。即使美國在冷戰期間支持了許多獨裁政權，但他們相信自由市場經濟、資本主義和民主是密不可分的。

對社會和經濟體系的不同信念，竟然造成全球規模的腥風血雨，人性在共產制度考驗下腐化潰決的教訓，讓人至今聞意識形態喪膽。

然而在冷戰之前，古今中外從來不乏大規模的戰爭紛擾，造成無數生靈塗炭。在資本主義大獲全勝後，「意識形態」作為全球衝突的催化劑，冷戰是第一次，也很可能是最後一次。然而其他要素，例如擴張主義、帝國主義、種族主義、過度的國族主義、強權主義等也都曾經是，也可能在未來成為暴力和苦難的根源。

從日常中看到歷史：棉花的歷史

歷史課內容給人的印象，常常是關於政治、權力那些「遠在天邊」的事件。其實從每個人身邊的，毫不起眼小東西出發，也可以看到驚濤駭浪，並且和你我都有直接關聯的歷史。

例如我們每天都要穿衣服、鞋子，需要床單和毛巾，這些產品裡面的棉花，是從哪裡來的呢？

在上一章談到了美國的黑奴制度，我們看到「棉花」的生產，曾經牽涉到殘酷的奴役、激烈的戰爭。而南北戰爭結束後，棉花的故事還沒有結束。

美國的南北戰爭造成全球「棉荒」，世界上其他地區，例如印度、埃及，都積極投入棉花的生產，這代表著全球棉花生產的主體從「奴隸經濟」轉變為「殖民經濟」。「奴隸經濟」的不人道是有目共睹的，而「殖民經濟」的粗暴也不遑多讓。例如印度的農地用於生產棉花經濟作物，犧牲了糧食作物的生產，造成餓死上百萬人的饑荒。

而一直到現代，棉花的生產仍然時常涉及和勞動者人權相關的議題。例如童工和「債務奴隸」，這是指農民在為了生計而借錢之後，自己和家中子女都必須以勞力償還債務，子女失去受教育的機會，造成貧窮的循環。這些情況在今天的南亞和中亞地區，例如印度、烏茲別克等仍時有耳聞。許多政府法令和非政府組織致力於調查和抵制違反人權的棉花生產，得到許多成果。

目前，中國是全球最大的棉花生產國之一，產量占全球二十%，其中大部分都在新疆種植。從二〇一九年開始，許多人權組織指出新疆的維吾爾族人在經過國家「組織調度」後加入棉花生產勞動的過程，符合「強迫勞動」的定義。針對這個人權爭議，許多國際廠牌，如H&M、無印良品、愛迪達、Esprit的棉花來源都受到質疑，並陸續做出回應聲明。例如H&M在二〇二〇年九月於網站發出聲明，表示他們對「來自民間社會組織的報告和媒體的報導深表關注，其中包括對新疆維吾爾自治區少數民族強迫勞動和歧視少數民族和宗教的指控」。聲明在最後一段指出，H＆M集團從新疆采購的棉花一直來自經瑞士良好棉花發展協會（Better Cotton Initiative，簡稱BCI）認證的農場。而「由於在該地區（新疆）開展可信的調查越來越困難，BCI已經決定暫停在新疆發放棉花許可證。這意味著我們的棉花將不再從那裡採購。」

二〇二一年三月，這個網頁突然引發中國媒體和社群媒體的強烈抨擊，認為這項指控是反華勢力抹黑中國的手段。「共青團中央」是最早一批發帖抨擊H＆M的微博，它寫道：「一邊造謠抵制新疆棉花，一邊又想在中國賺錢？癡心妄想！」在數天之內，達到超過四十一萬人點讚，逾四萬人轉載，一．六萬人評論。後來其他採用BCI認證的品牌如NIKE和ZARA等，都一併受中國民眾抵制。對於這個新疆棉風波，我想許多讀者仍然記憶猶新。

從棉花成為全球產業的重要原料以來，至今已經有兩百多年。一片片的棉花田，一朵朵潔白的棉花，一直是人類思考「尊嚴勞動」的重要場景，也成為內戰、殖民、國族主義上演的背景舞台。

當我們對棉花的過去和現在了解更多，下一次在商店把衣服、毛巾放進購物籃的時候，也許會有不同的體會和態度？

「人物」、「結構」、「思想」、「生產方式」四種歷史詮釋視角

但凡談「史觀」，很難避免談「唯物史觀」，而因為唯物史觀和共產主義之間的關係，以及對岸對「歷史唯物主義」[4]的強調，讓台灣社會對此類字眼抱有顧慮和不安。可以想像，如果台灣在課綱中提到唯物史觀，很可能會造成不小的輿論衝擊。

然而如果我們探究史觀的核心，其實它們不過是解釋歷史時不同的著眼點罷了。所以我認為特定史觀學說並非關鍵，最重要的是讓學生意識到有「不同史觀的存在」，並引導學生從「人物」、「結構」、「思想」、「生

產方式」等視角來作為思考歷史的線索，也試著去察覺不同歷史論述背後的視角。這對歷史識讀力和歷史意識的提升，想必會有很大的幫助。

中國共產黨和唯物史觀

原本唯物史觀常是用於質疑傳統的權力和資源分配，並以此延伸出「來自底層」的「解放史觀」，著墨過去在歷史上從來不被視為主角的「勞工史」、「女性史」、「兒童史」等等，這樣的應用，確實為社會帶來了正面

4 作者註：馬克思以唯物史觀為基礎，發展出一套激進的社會經濟藍圖，也就是「共產社會」。這個極度理想化的藍圖在經過全球幾場大規模的實驗後，都導致了殘暴的極權和巨大的苦難，也證實了共產體制不可行。目前除了北韓以外，全球共產政體都已經放棄共產經濟，走向私有財產和資本主義市場經濟。

然而中國共產黨為了延續其政權的合法性，必須在形式上持續馬列思想意識形態，並宣稱中國在「中國特色社會主義的路上」，朝著共產社會前進。

現實中，中共只沿用共產體制中有利統治階層的部分，例如一黨專制和土地國有；而在其他方面，貧富懸殊，勞權意識低落，企業（只要不功高震主）享受高度自由，領導的權威受絕對的敬畏崇拜等等，充斥著和社會主義原則完全相悖的實態。但與此同時，學生們在學校都必須默背空泛的馬列學說和「中國特色社會主義」。

變革。

相對的，今天的中共運用辯證唯物史觀的概念，強調社會歷史必然產生各種「矛盾」。這些「矛盾」包括帝國主義、封建主義等，並聲稱中國共產黨在洞察規律後，成功一一克服。在改革開放（放棄共產經濟）後，中共官方聲明「我國社會主要矛盾已經轉化為人民日益增長的美好生活需要和不平衡不充分的發展之間的矛盾。」「中國共產黨人始終堅持唯物史觀把握歷史規律，研究我們所處的歷史方位和時代特點，以高度的歷史自覺確立歷史任務、制定方針方略、擔當歷史使命」。

與其把唯物史觀作為詮釋歷史的其中一種視角，在中共的敘事下，唯物史觀是唯一正解，宣稱它能解釋社會上的「矛盾」，並且只有共產黨具有解決這些矛盾的能力和合法性。然而這種說法可以套用在任何國家和時空，作為一黨專制的藉口。與其說中共真正「採納」唯物史觀，我認為是穿鑿附會，自圓其說的成分居多。

07

歷史也有歷史？——歷史解讀的演變

人們對歷史的解讀，會隨著自己身處時代的挑戰而變動，歷史教育隨著更新，才能真正將今天和未來與過去聯繫起來。

在認識了歷史概念、研究方法、史觀的功能之後，看看「歷史的歷史」，也就是不同時代的歷史學者和人們時如何解讀歷史，是一個很有趣的練習。

每個時期的歷史研究方法、史觀、和關懷的主題都不盡相同，所以呈現出來的「歷史」，也會很不一樣。在過去，歷史的目的常常是對權力進行合法化，或是讓「我們」看起來比「他者」更優越；歷史敘事通常也比較武斷，缺乏解釋和探討的空間，例如把人物簡化成正面和負面的典範。

現在的歷史論述則比以前更講究客觀性，並且試圖納入更多觀點。在未來，我們對過去的理解，也可能被往後的歷史學者基於他們所能獲取的資料和新的觀點進行重新解讀和重建。

這種歷史解讀的演變，也反映在歷史教育中。今天瑞典歷史課程內容中的三個主要脈絡，就可以明顯看出這個沿革。

脈絡一、政治和權力：一九〇〇年代中期以前，政治和權力是占主導地位的傳統歷史教育重點。現在它只是幾個發展線的其中之一。

脈絡二、社會樣貌和民主化：一九〇〇年代中期以後，歷史教育更注重社會上個體和群體生活條件和形態，構成了歷史課程內容中的第二個發展線。

脈絡三、文化交流和移民：二〇〇〇年之後，歷史研究的興趣有轉向全球問題和跨文化理解的趨勢。

這三個脈絡，在台灣的一〇八歷史課綱中也看得到。

人們對歷史的解讀，會隨著自己身處時代的挑戰而變動，歷史教育隨著更新，才能真正將今天和未來與過去聯繫起來。讓學生察覺和觀察歷史課本上教的東西會隨著時代變遷，以及基於什麼樣的理由變遷，是一個提升歷史識讀力很直接、有效的方法。

瑞典課堂活動

瑞典的「民族偉人」：卡爾十二世

一個瑞典老師常用的課題，是探討各代史家對瑞典國王卡爾十二世的記述和評價。有「小拿破崙」之稱的卡爾十二世在位二十年間帶領軍隊持續東征西討，雖然起初獲得許多勝利，但最後節節敗退，在一七一八年戰死沙場。隨著卡爾十二世死去，瑞典王國也失去了在北歐和波羅的海曾有的霸權版圖，從此不再有餘力擴張。

到了一八〇〇年代，現代意義的「民族國家」興起，歐洲的民族／國族意識高漲，過去馳騁沙場，為國家榮耀而犧牲的國王成為史家、作者、藝術家描繪稱頌的對象。在此脈絡下，卡爾十二世在作古兩百年後，突然被塑造成代表瑞典國族精神的英雄人物。

古斯塔夫・科德斯多姆的作品《國殤》。這幅畫是在 1880 年代，浪漫國族主義最巔峰的時候完成，描繪軍民在卡爾十二世戰死沙場後的一片悲戚。這個情景至今已經深植人心，但完全是在作者科德斯多姆的想像中創造，並無史實根據。
（圖片來源：Gustaf Cederström, Karl XII:s likfärd, Public Domain）

例如在一本描寫這位國王的著名傳記中，作者對事件的描寫基本上並不違背史實，但通篇充斥著國族主義的浪漫詮釋。他也在傳記中運用大量的北歐神話要素，儘管在卡爾十二世的時代，瑞典全國上下都信仰基督教。

在經歷了一九〇〇年代的世界大戰和激進的國族主義之後，「在戰場上為國奉獻生命」漸漸失去了曾經正面而浪漫的基調。現代瑞典歷史學者在描述卡爾十二世時，不再預設他時時把國族利益置於自身利益之前，也有更多利用過去資料的量性、質性研究結果顯示出，在歷史上瑞典版圖越大，民眾生活越淒慘的事實。

上述的那一本卡爾十二世國王傳記，作者筆力渾厚，字句洋溢感染力，文學價值非常高。在我公公婆婆上中學的時候，這本書還是主流的歷史課教材之一，尤其是老一輩的歷史教師特別喜歡引用此書。而現在瑞典學生用欣賞文學的角度去品味此書，也學著用懷疑和批判眼光看待書中敘事。

除了對個別人物的詮釋演變之外，也有老師和學生探索一個事件或長期現象，例如殖民帝國主義，在瑞典各年代課本中的呈現方式。這個練習的宗旨是透過歷史課本和歷史課的變化，讓學生對歷史解讀和關懷的流動性、時代性產生很親近的共鳴。

歷史記憶對認同的構築有至深的關係，因此國民歷史教育一直是各國爭議的焦點。例如在瑞典，社會上對移民和多元文化的不同立場常常反映在課綱議題上。反移民陣營向來對瑞典強調多元文化、「去瑞典化」的課綱抱有很多疑慮。他們許諾選民在當選後會調整課綱走向，加入更多瑞典、基督教文化的內容。二〇二二年大選後，當反移民政黨成為國會第二大黨，他們積極參與課綱審議，反映民意，也確實影響了課綱的內容。

在台灣，歷史課對反攻大陸的強調、對日本殖民的描寫、台灣史和中國史的比例，也不斷隨著時代變遷和民意基礎有所改變。

我自己小時候念國編本時，壓根就沒有想過課綱是可以質疑的，一直覺得老師在課堂上教的東西都是我們理所當然應該要學、並且按學校規定的方法來學的。因此我相信，課綱爭議雖然帶來很多衝突，但是意識到不同解讀歷史的可能性，也意味著學生在歷史的視野和思考向度上一定也有所拓展。

08

他們的擔憂和夢想是什麼？——歷史共感，角色扮演1

除了文學影劇作品之外，設身處地的角色扮演，也是一個和歷史產生共鳴的好辦法。

歷史是關於人的。歷史戰爭、事件、過程在根本上，都是人們行動、思考和感受的故事。

和過去的人們產生共鳴，是體會另一個時間和空間，並加深歷史理解的途徑。瑞典歷史老師和國文老師經常合作授課，透過歷史小說、影劇等文藝作品，讓學生能在情感上更投入其他時代。在我的著作《上一堂思辨國文課》提到了類似的例子，這個例子是歷史老師和國文老師合作的教案，透過著名的瑞典文學作品一起教授一八〇〇年代末到一九〇〇年代初期，約一百二十萬瑞典人離鄉背井移民到美國的故事。

歷史不斷在演變，但權力、愛情、死亡、歸屬等人性的課題，是所有時代的人類共有的。以歷史為題材的文學影劇作品不見得能完全呈現史實，也難免帶有作者自身的觀點，但透過文藝作品具有感染性的生動描寫，讓我們能夠，套句瑞典的諺語，「爬進歷史人物的皮膚裡」，理解當時人們的處境，也更容易在過去和現在之間建立類比。除了文學影劇作品之外，設身處地的角色扮演，也是一個和歷史產生共鳴的好辦法。

瑞典課堂活動

用第一人稱「我」寫一封信

在介紹完史實知識之後，設身處地的寫信練習可以讓學生活用知識、發揮想像和同理，達到對史實更深刻的瞭解。這樣的練習規模可大可小，而且可以配合任何歷史內容。

題目一：時間是一四九二年八月三日，你是西班牙水手。今天晚上你將隨著哥倫布的船隻「聖馬利亞號」從西班牙的港口啟程。出發前你要寫一封信給家人，以下問題可以成為內容的基本架構：

－你為什麼選擇跟隨哥倫布船長的航行？
－哥倫布船長希望從這次旅行中獲得什麼？
－為什麼西班牙國王斐迪南和伊莎貝拉王后支持這次探險？
－教皇對這次航行有什麼看法？
－你擔心什麼？
－你有什麼夢想？

題目二：時間是一五三二年，你住在印加帝國首都庫斯科，那裡剛被西班牙人占據。寫一封信給你住在郊外村莊的親族。以下問題可以成為內容的基本架構：

－西班牙軍隊抵達之前，你是如何生活的？
－當你第一次看到皮薩羅（Francisco Pizarro）及其部隊時，你對他們有什麼看法？

—皮薩羅和他僅有的一百六十八人的小軍隊如何擊敗八萬人的龐大印加軍隊？

—西班牙人對印加帝國的統治者阿塔瓦帕（Atahualpa）做了什麼？

—你擔心什麼？

—你有什麼夢想？

題目三：時間是十七世紀。你居住在歐洲的某城市中，寫一封信給你住在鄉村的母親，試圖說服她搬到城市居住。以下問題可以成為內容的基本架構：

—你住在哪個城市？

—你的住所是什麼樣子？

—你從事什麼工作？

—你的穿著是怎麼樣的？

—你的飲食主要有哪些？

—你擔心什麼？

—你有什麼夢想？

《皮薩羅的軍隊占領庫斯科》。
（圖片來源：Theodor De Bry: Siege of Cuzco Francis Pizarro〔1590-1618〕, Public Domain）

台灣視角的延伸思考

你是來自歐洲的耶穌會傳教士利瑪竇，在一五〇〇年代末來到遙遠的明王朝，經由澳門、廣東、南京、輾轉來到了北京。你在一路上獲得什麼幫助、遇到什麼挫折？在宮中做什麼工作？中國人的哪些信仰習俗，讓基督徒的你感到訝異？

一九三〇年代，台灣的社會氣氛逐漸改變，社會運動被完全禁止，你的鄰居改了日本姓，門上還掛了「國語家庭」的門牌。你怎麼想？你還感受到什麼變化？

利瑪竇與徐光啟。
（圖片來源：Athanasius Kircher: China Illustrata〔1667〕, Public Domain）

09

在歷史課上差點大打出手？——歷史同理，角色扮演2

在歷史課堂上，類似的角色扮演練習可以讓學生理解不同時空脈絡下人們的行為動機，體會到各種決斷的難處和苦衷，也進而思考我們今天面臨的難題。

什麼是歷史同理？

「歷史同理」是瑞典歷史課綱的另一個教學重點，提醒學生在閱讀歷史文本時，不能忘了試著理解當時人們的處境，並從他們所處的背景來理解他們的行為。同時也可以想像，未來的人們會如何看待今天？透過這樣的思考，我們更能客觀的理解過去和現在。

瑞典的課堂上常有角色扮演的練習，例如在社會課讓學生扮演不同政黨的發言人，針對各種社會議題進行辯論。這種練習可以訓練學生立論、詰問，以及互相尊重理解的能力。

在歷史課堂上，類似的角色扮演練習可以讓學生理解不同時空脈絡下人們的行為動機，體會到各種決斷的難處和苦衷，也進而思考我們今天面臨的難題。

瑞典課堂練習

什麼是「民族」？要怎麼自決？——巴黎和會角色扮演練習

現代「國家」的構成要素：國「State」和民「Nation」

人們對「國家」這個概念的理解，在不同的時間和地域都不盡相同。一七〇〇年代末，美國和法國相繼實現了所謂的「共和憲政」，大幅改變了過去王朝國家由君主和貴族主宰的型態，民眾不再是王朝的所有物或附屬品，開始具有「公民」的身分，從政者和公民都受憲法嚴格規範。

各國憲法對如何產生執政者的規定各有不同，有多黨制的民選，也有一黨制的黨內推舉等方式，所以共和憲政國家並不一定就是民主國家，但至少社會上每個角色的權利和義務由憲法裁定，而不是受血源支配。這種權力形態的轉換，從兩百年前開始成為全球的趨勢，現在已經沒有純粹的「王朝國家」。

一個政府組織的營運，一般稱為「State」，中文可以叫做「國家」、「政府」、「當局」，當我們說某件事「國家」應該要負責，或是期待「政府」要做得更好，就是這層意義上的「國家」。

而另一個也常翻譯成「國家」的詞是「Nation」，而「Nation」指的是「一群人」。當一群人基於種族、語言、地緣、宗教、文化、政治等各種因素的排列組合，而產生相對緊密的「認同」，這群人就成為「Nation（民族）」。而現代民族國家「Nation-state」，就是政府組織和這群人的結合。然而可想而知，這兩者的結合，並不總是這麼單純輕鬆。

什麼是瑞典？誰是瑞典人？學習民族國家成型的歷史，是思考國家認同的好機會。
（圖片來源：瑞典歷史課本 Sture Långström.〔2012〕. Historia. 1b, Den lilla människan och de stora sammanhangen. Studentlitteratur.）

當全球各地的傳統王朝帝國和殖民帝國陸續分解，經常需要重新定義「國家」的分界，也造成許多紛爭。一九一八年，美國總統威爾遜提出的「民族自決」成為普遍依循的大原則。然而這個原則並沒有具體定義「民族」的組成和劃分依據，也沒有規範自決權的實現方式。實際上，國家的分界和主權的歸屬，很大程度還是以強權政治為基礎，而「Nation」（民族）的界定不明，一直到今天仍是許多仇恨和衝突的根源。

角色扮演任務

一九一九年一月，你滿懷期待和焦慮，來到凡爾賽宮。在這場會議，你將代表一個戰勝國或群體，提出劃定兩個國家邊界的建議，然後透過談判（承諾、威脅和妥協），試圖達成共識，並且讓你代表的民眾滿意。

第一次世界戰後的歐洲國界爭議區。

（圖片來源：Liljegren, B., Danielsson, H., Larsson, H. A., & Nilson, B.〔2012〕. Att undervisa i historia : tusen och ett sätt att inspirera sina elever. Studentlitteratur.）

1 波蘭和德國之間的邊界

根據威爾遜總統的第十三點和平原則，「所有明確屬於波蘭人口居住的區域」都應該納入新的波蘭國界。在戰前德國的東部有個地區施萊西（波蘭語：Slask），長期以來一直有德國人和波蘭人居住。一九一〇年的人口普查顯示該地區有少許的波蘭語人口優勢。現在，波蘭和德國都想擁有此地。你們要如何確定這兩個地區的邊界？

2 匈牙利和羅馬尼亞之間的邊界

在第一次世界大戰之前，匈牙利是奧匈帝國的一個自治部分。匈牙利的民族組成複雜，羅馬尼亞人、德國人和匈牙利人共同居住。根據羅馬尼亞的提議，當時匈牙利境內有大約十萬平方公里的地區（相當於兩、三個台灣的面積），是以羅馬尼亞人為主體。然而匈牙利強調，該地區的東北部的居民，自古以來主要使用匈牙利語。你們要如何確定這兩個地區的邊界？

其他的國界爭議，例如丹麥和德國、義大利和奧地利、捷克斯洛伐克和德國，匈牙利和羅馬尼亞之間，都涉及了類似的爭端。

你將在會議中針對以上爭端和他國進行談判，你們可以彼此交換承諾，談判邊界的位置，也可以提議組織人民公投來決定邊界，或是用武力等方式進行威脅。（根據估算，在一次大戰後，歐洲曾提議公投的地域涵蓋七千萬人口。然而實際上，僅有涉及四百萬人的公投得以實現。）

在角色扮演的時候，可以用以下的問題分析自己和對方的動機。

- 你們想要什麼？
- 你們憎恨什麼？
- 你們認為什麼是重要的？
- 你們希望改變什麼？

重點不在找到答案，而是體會過程

設計這個教學活動的歷史老師說，他的班上曾經有位來自羅馬尼亞的移民學生，正好就讓這位同學在練習中代表羅馬尼亞。沒想到在談判過程中，他差點和代表匈牙利的瑞典同學大打出手。那時這位老師才意識到，一直到今天這類爭議仍然能激起強烈的情緒，於是他建議最好安排學生代表其他群體，在扮演其他角色時，通常更能保持客觀和練習同理。

老師也必須提醒學生，我們身為事後諸葛，時間已經給了我們所有的解答，但是以上爭議的最終談判結果、後續的發展、再次爆發的世界大戰，是會場上參與者都還無從得知的。這個角色扮演的目的，不是讓學生按照史實對答案，而是讓學生設身處地的體會，在經歷慘痛的一次大戰以後，巴黎和會的理想是建立起長久的和平基礎，然而各國之間的新仇舊恨，和各自的群體利益糾葛，讓談判困難重重。

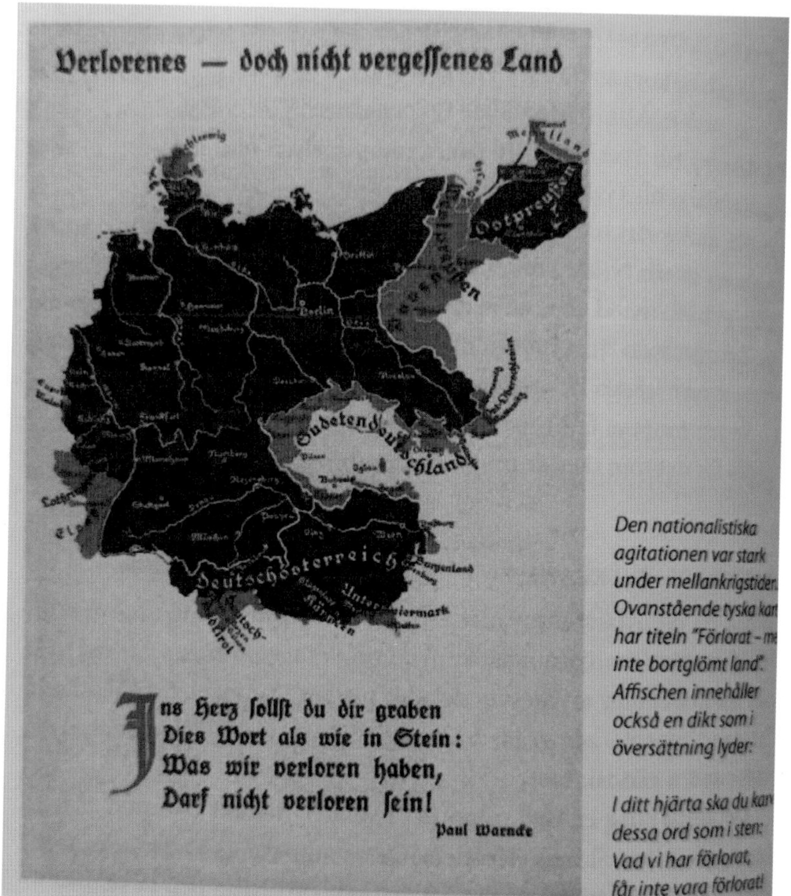

這是一張戰間期間的德國地圖，用紅色標註了在巴黎和會後身為戰敗國的德國失去的領土。地圖上寫著「把這句話銘刻在心：即使失去，我們永不遺忘」。

（圖片來源：Liljegren, B., Danielsson, H., Larsson, H. A., & Nilson, B.〔2012〕. Att undervisa i historia : tusen och ett sätt att inspirera sina elever. Studentlitteratur.）

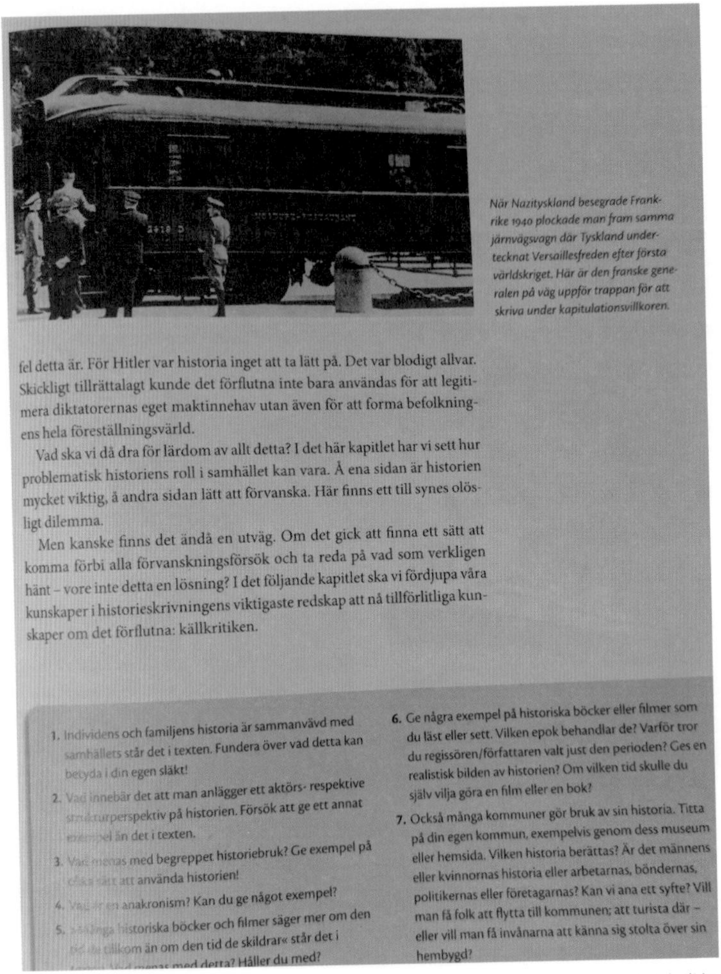

När Nazityskland besegrade Frankrike 1940 plockade man fram samma järnvägsvagn där Tyskland undertecknat Versaillesfreden efter första världskriget. Här är den franske generalen på väg uppför trappan för att skriva under kapitulationsvillkoren.

fel detta är. För Hitler var historia inget att ta lätt på. Det var blodigt allvar. Skickligt tillrättalagt kunde det förflutna inte bara användas för att legitimera diktatorernas eget maktinnehav utan även för att forma befolkningens hela föreställningsvärld.

Vad ska vi då dra för lärdom av allt detta? I det här kapitlet har vi sett hur problematisk historiens roll i samhället kan vara. Å ena sidan är historien mycket viktig, å andra sidan lätt att förvanska. Här finns ett till synes olösligt dilemma.

Men kanske finns det ändå en utväg. Om det gick att finna ett sätt att komma förbi alla förvanskningsförsök och ta reda på vad som verkligen hänt – vore inte detta en lösning? I det följande kapitlet ska vi fördjupa våra kunskaper i historieskrivningens viktigaste redskap att nå tillförlitliga kunskaper om det förflutna: källkritiken.

1. Individens och familjens historia är sammanvävd med samhällets står det i texten. Fundera över vad detta kan betyda i din egen släkt!
2. Vad innebär det att man anlägger ett aktörs- respektive strukturperspektiv på historien. Försök att ge ett annat exempel än det i texten.
3. Vad menas med begreppet historiebruk? Ge exempel på olika sätt att använda historien!
4. Vad är en anakronism? Kan du ge något exempel?
5. »Många historiska böcker och filmer säger mer om den tid de tillkom än om den tid de skildrar« står det i texten. Vad menas med detta? Håller du med?
6. Ge några exempel på historiska böcker eller filmer som du läst eller sett. Vilken epok behandlar de? Varför tror du regissören/författaren valt just den perioden? Ges en realistisk bilden av historien? Om vilken tid skulle du själv vilja göra en film eller en bok?
7. Också många kommuner gör bruk av sin historia. Titta på din egen kommun, exempelvis genom dess museum eller hemsida. Vilken historia berättas? Är det männens eller kvinnornas historia eller arbetarnas, böndernas, politikernas eller företagarnas? Kan vi ana ett syfte? Vill man få folk att flytta till kommunen; att turista där – eller vill man få invånarna att känna sig stolta över sin hembygd?

1940 年，也就是在巴黎和會的 20 年後，納粹德國入侵法國。希特勒刻意選擇了在當初簽下凡爾賽條約的同一地點和法國將領簽訂占領法國的協定。
（圖片來源：瑞典歷史課本 Nyström, L., Nyström, H., & Nyström, Ö.〔2021〕. Perspektiv på historien 1b. Gleerups Utbildning.）

台灣視角的延伸思考

在二二八事件期間，除了本省人、外省人的身分衝突之外，社會上還有原住民、鄉紳階層、軍警、當權者等等各種不同角色。透過不一樣的角色去思考：他們想要什麼？憎恨什麼？認為什麼是重要的？希望改變什麼？能對那個時空的全貌有更深刻的認識。

（此題材由新北市立北大高中歷史教師許懿心協助提供）

10

越過成堆的骨骸，我們要往哪裡前進？——歷史的道德解讀

在理解過去人類行為的脈絡之後，思考至今的進程和未來的展望，這對於現代人來說是重要的責任。

從歷史同理到價值反思

有位瑞典老師比喻，學習過去就像去個陌生的國家，那裡的人們有著不同的風俗習慣和思維方式。對我們現代人來說，他們的很多舉動令人難以理解，但這是因為他們生活在非常不同的環境，對世界也有不同的認識，而我們現在的舉止，將來的人們也可能

會覺得奇怪。因此，在研究歷史時，重要的是試圖理解當時人們的處境，這樣可以避免對過去做出過於草率的評斷，也能拓展我們對人性的認識。但是，這並不意味著我們應該原諒罪惡，或允許罪惡在未來重蹈覆轍。在理解過去人類行為的脈絡之後，思考至今的進程和未來的展望，這對於現代人來說是重要的責任。

歷史課也是道德和價值教育的一環

然而什麼是罪惡呢？道德和價值教育是國民教育的重點，融入日常校園生活的各個角落，從教學、校規、人際互動中影響學生的思維和行為，也是我們定義「罪惡」的依據。

瑞典學校教學總綱第一句話就明確定義，國民教育的任務旨在讓學生獲得「知識」和「價值」，價值和知識教育並重並進。而所謂的「價值」，則是建立在「民主」的基礎之上，包括自由、平等和人格的不受侵犯（integrity）等。瑞典的價值教育從這個基礎上延伸出特定的道德信念，比方說人人都應該在自由和平等的原則下互動，不冒犯、侵犯別人，這些信念體現在強調負責、自律的行為規範中。

與此同時，「懷疑」和「批判」也是創意革新的基礎和重要的公民素養，因此在瑞典學校，所有的知識和規範，像是尊師、愛國等，都會成為質疑的對象。但是如果什麼都要拿來懷疑，「批判」過了頭，很可能會導致最終無所適從，這時上述的「民主基礎」就像是核心砥柱，成為瑞典國民教育絕對不容質疑的大原則。

台灣基於中華傳統，對於道德教育有我們自己的表達體系，而今天，「民主價值」也成為我們普遍認同的道德基柱之一。在不斷變遷的歷史洪流中，我們可以透過這些原則去定位現在的位置，看到從過去到未來的進程和展望。

瑞典課堂活動

戰爭也講道德嗎？討論第二次世界大戰的「戰略性轟炸」

在第二次世界大戰期間，針對城市的空襲成為戰爭中普遍的一環，隨著飛航科技進

1941 年，經過納粹德軍轟炸的倫敦。（圖片來源：H. Mason, Public domain）

1945 年，經過盟軍轟炸的德國德勒斯登。
（圖片來源：Deutsche Fotothek , CC BY-SA 3.0, Wikipedia Commons）

步，在悠久的戰爭史上，人類第一次普遍運用長程轟炸。當時許多軍事戰略家相信，通過攻擊城市的工業和政治基礎設施，能夠贏得重大的軍事優勢。這種轟炸的目的是大幅摧毀軍民士氣，以及毀壞城鎮的高價值目標，例如火車站、儲油槽、發電廠、機場與港口。在這樣的過程中，也勢必會波及目標周圍的大量平民。

在關於二次大戰的章節結束之後，老師帶領同學討論：

- 在納粹德國造成其他國家如此巨大痛苦的背景下，盟軍對德進行的大規模空襲，是否合乎道義？請解釋你的答案。
- 為什麼戰後紐倫堡審判沒有提到空襲行動？
- 在二次大戰後，國際法對戰爭的規範有什麼改變？

背景材料一：戰略性轟炸的道德爭議

對於戰略性轟炸的道德爭議，有許多不同的觀點，以下為幾種較具代表性的：

第一、人道和比例原則：此原則強調非戰鬥人員擁有免受戰爭傷害的權利，因此不應故意以民眾為目標，也必須衡量戰略效益和破壞的比例。另外針對報復行為，《日內瓦公約》的《一九七七年附加議定書》提出了「任何人都不應為其未犯的過失負責」的原則，根據此原則，不應該因為敵對國的惡行而懲處無辜的民眾。

第二、縮短戰爭就是正義：許多軍事專家認為，贏得戰爭最快的方式，是集中摧毀敵方軍事、工業和經濟基礎設施。基於這個論點，雖然二戰期間對城市進行戰略轟炸造成了大量平民死亡，但是它有助於縮短戰爭，從而避免更多的傷亡。

第三、至高緊急情況論點：美國戰爭理論家邁克・沃爾澤（Michael Walzer）在《公義與不義的戰爭》（一九七七年）提出「至高緊急情況論點」，認為在一般情況下，確實應該以人道和比例原則做為道德評估的前提，但如有一方對道德秩序構成極端嚴重的威脅，則另當別論。納粹種族大屠殺造成超過千萬民眾喪失生命，這個數目遠遠超出了二戰期間所有因戰略性空襲的死亡人數總合。如果把遭到軸心國侵略戰爭波及而死亡的各國百姓人數算進來，數字更是懸殊。

Några tusen vigselringar efter döda fångar som hittades i källaren i koncentrationslägret Buchenwald 1945. Så många män, så många kvinnor, så många fäder, så många mödrar …

framtid att alla judar
operation, en vetens
något opersonligt öv
kände inför judarnas
Avstånd och oper
de flesta av dem som
och organisatoriska
krävdes för att samla
Det var lätt att borts
istället inrikta sig på
drog man inte på sig
De som arbetade
kunde naturligtvis in
sig dem som monste
Men historikerna ha
nor) som ofta, åtmin
dödandet. Att de än
rädda för bestraffnin
till andra placeringa
telsen. Men de ville i
möjlighet till avance

1945 年，從布亨瓦德集中營遭難者手中拔下的婚戒，無數妻子、丈夫、父母在此喪命。（圖片來源：瑞典歷史課本 Nyström, L., Nyström, H., & Nyström, Ö.〔2021〕. Perspektiv på historien 1b. Gleerups Utbildning.）

背景材料二：「戰爭罪」的過去與未來

交戰時必須要講「武德」，這是在古今中外一直存在的概念。例如在春秋時代有「師出有名」、「不鼓不成列」，在羅馬時代有對戰爭合法性（jus ad bellum）和對戰爭行為的限制（jus in bello）的規範。而對所謂「武德」的定義，在不同時空下的詮釋也可能很不一樣。針對這一點，國際社會發展出「戰爭罪」的概念。

戰爭罪是指「違反有關戰爭的法律或習慣法的行為」，包括針對非戰鬥人員（平民、戰俘、傷兵）的殺害、虐待、驅逐；肆意摧毀城鎮和村莊等不具備正當軍事必要性的破壞。以「人道原則」，和破壞與效益之間的「比例原則」為出發點，在戰爭期間造成原可避免的破壞和苦難，都可以視為戰爭罪。

第一次對戰爭罪行進行系統性定義的，是美國總統林肯在美國內戰期間頒布的《利伯法典》（Lieber Code，一八六三年），規範士兵在戰時的行為，這個原則後來成為《海牙公約》（一八九九年和一九〇七年）的基礎。《海牙公約》作為第一個處理戰爭行為的國際條約，核心的原則是：「交戰者在損害敵人的手段上，並不擁有無限制的權利」。

戰爭罪的現代概念在紐倫堡和東京審判中進一步發展。在二次大戰結束後，美國、英國、蘇聯、法國臨時政府和其他十九個國家代表簽署了倫敦協定，協定中的紐倫堡憲章確立對戰時行為的審判原則。憲章列舉三類罪行：（1）侵略罪，（2）戰爭罪，以及（3）危害人類罪。其中「危害人類罪」指的是在和戰爭無直接關聯的情況下「針對平民人口進行大規模或有系統的傷害」，包括謀殺、滅絕、驅逐、監禁、酷刑、基於政治、種族和宗教原因的迫害等等。

紐倫堡和東京審判結束後，許多國際條約和公約試圖制定對戰爭罪的全面和可執行的定義，並在一九四九年通過《日內瓦公約》。

一九九八年，國際刑事法院（ＩＣＣ）在荷蘭海牙成立，以《日內瓦公約》和《國際刑事法院羅馬規約》為基準，調查、起訴和審判被指控犯有戰爭罪和違反人道罪的個人。和處理國家之間的爭端「國際法院」不同，「國際刑事法院」是處理個人的罪行。

海牙國際刑事法院在二〇〇九年起訴軍閥托馬斯・盧邦加（Thomas Lubanga），他被指控在剛果民主共和國召募兒童士兵，並於二〇一二年三月裁定有罪，判處十四年監禁。在二〇一九年，國際刑事法院開始對緬甸軍隊涉嫌對羅興亞穆斯林群眾犯下的罪行進行調查。而針對目前正在進行的俄烏戰爭、以阿衝突，該法院檢察官也已發動偵查。

除了戰爭罪之外，國際刑事法院和各國法庭也可循國際法審理「危害人類罪」。例如一九七五到一九七九年的紅色高棉統治時期發生了「紅色高棉大屠殺」，造成了約兩百萬人死亡。二〇〇三年，柬埔寨法院特別法庭以危害人類罪起訴當時仍在世的紅色高棉時期領導人喬森潘、農謝、監獄長康克，並判處終身監禁。二〇一一年，利比亞領導人穆安瑪爾．格達費命令軍隊對受「阿拉伯之春」鼓舞的示威民眾進行廣泛而系統性的攻擊，造成了至少一萬人死亡，國際刑事法庭就其危害人類罪責發出拘捕令，而格達費在受捕前就遇襲身亡。二〇二〇年，國際刑事法院指控科索沃當時的總統哈希姆．薩奇在一九九八到一九九九年科索沃戰爭期間犯下危害人類罪，涉及近一百宗謀殺。薩奇被押往海牙受審和關押，審判仍在進行。

越過成堆的骨骸，我們要往哪裡前進

設計這個課綱的歷史老師提供以上的備課材料，只是給老師作為背景知識或討論題

海牙國際刑事法院。（圖片來源：justflix, CC BY-SA 4.0, Wikimedia Commons）

材，並不需要一一講授（大部分關於日內瓦公約的敘述，會出現在社會課上）。在歷史課堂上進行道德解讀時，瑞典老師盡量讓學生自由發揮，並且從旁補充一些學生沒想到的視角和事實。這個練習的宗旨，是讓學生看到道德解讀的難處，並且試著和今天的問題做出連結，進一步思考在今後處理道德議題時，自己可以接受的原則。

其他可以補充的視角

徒勞的國際公約：從西發里亞和約、凡爾賽條約、海牙公約、到日內瓦公約，人們一次又一次想要透過協議達到和平，或減少戰爭的傷害，但是戰爭卻不斷重複、規模也不斷加劇。海牙國際刑事法院只能對締約國生效，雖然至二〇二三年二月，《國際刑事法院羅馬規約》的締約國達到了一百二十三個。但並不是所有國家都願意讓第三方來裁決自己的恩怨，中東、亞洲地區很少國家參與，多數的大國，如中國、俄國、美國和印度也拒絕參與。

戰爭文化的演變：在錯綜複雜的現實政治下，透過公約和戰爭法落實國際正義的困難重重，也很難完全消弭戰爭。但是從一六〇〇年代到今天的國際協定中，可以看到人們對戰爭有許多態度上的轉變。

例如，傳統的協定認為戰爭是「國家行為」，戰爭的權利和後果都歸屬於國家，戰敗後割地、賠償，也是由國家負責，沒有追究個人責任的想法。而今天透過戰爭法的制定，發動戰爭的元首和決策者可以被追究「侵略罪」的刑事責任，不守軍紀的官兵也可以被追究「戰爭罪」，在戰場外針對本國或他國民眾的系統性暴力，也可以被追究「危害人類罪」。

過去人們把君主東征西討、擴大疆域版圖視為國族榮耀，現在對戰爭的合法性則有更高的門檻。國家存在的目的是為了保護公民的人權，並不是發動戰爭征服別人，也無權把人民視為國家的附庸任意處置。即使在無法避免戰爭時，也有控制傷害至最小限度的義務。雖然國際公約和法條常顯得疲軟，但也確實讓違法行為更受到關注，並且讓越來越多人為這些行為受到譴責或負起責任。

台灣視角的延伸思考

目前在西班牙和台灣都有人認為，如果沒有西班牙的佛朗哥和台灣兩蔣的徹底鎮壓和整肅，西班牙和台灣很可能會遭共產赤化。因此他們不允許任何其他政黨和公民組織活動的獨裁統治是合理的做法，至於那些符合「危害人類罪」的行為，也是「必要之惡」。你怎麼想？

蔣介石。（圖片來源：Unknown author, Public domain, Wikimedia Commons）

佛朗哥。（圖片來源：Unknown author, Public domain, Wikimedia Commons）

11

我們都是歷史的消費者——歷史文化、歷史意識、歷史用途

「歷史意識」作為瑞典國民歷史教育的宗旨，是引導未來的歷史消費者在面對歷史「產品」時，能開放、批判，不隨波逐流。去看到歷史的形成、歷史的用途和意圖。

「一個人對當下和未來的觀點與他對過去的理解緊密相連。」這句話是瑞典歷史課綱的第一句話，也是整體課綱制定決策的出發點。

瑞典學校期待每位國民都能有某種程度的「歷史意識」，了解他們如何受到過去的影響和支配，但也有能力積極改變現在的生活。所以歷史這門學科不只是討論過去的他人，而是我們都參與其中的過程。

除了「歷史意識」以外，瑞典歷史課綱也談到集體層面的「歷史文化」以及「歷史用途」的概念。這幾個概念密切相關，但也有一些區別。

歷史文化

歷史文化是一群人對過去的集體認同。這個「集體」可能是一個國家、一個組織（比如一個政黨或企業）、一個城市、階級、或性別。以國家為例，傳說、古蹟、人物遺像、愛國英雄和奸細的故事、節慶、紀念日、歌曲、課本等都是構成歷史文化的一部分。這些事物甚至不見得要完全符合史實，但能讓人們在其中找到意義，也影響對集體和身為集體一份子的看法。

歷史用途

歷史是被誰，為了何種目的，如何運用的？「歷史用途」的概念注重於探討歷史的功能。思考人們為什麼使用歷史、為何使用特定的歷史，以及為何在特定的時刻或場合使用歷史等等。

以下是歷史運用的一些常見形式：

知識歷史運用：從事歷史工作的人檢視和解釋歷史資料，盡可能準確地呈現過去發生的事，並且確認、質疑和重新詮釋先前被接受的歷史。

存在歷史運用：當歷史用來加強一種身分，例如國籍或種族的認同時，可以稱為「存在歷史運用」。這種運用可以將人們納入一個群體，使人們共同擁有一種身分，同時也常常排斥他者。一個常見的方式是透過某個歷史事件或現象來凸顯一個群體的優異、悠久、有德、或受外侮等等。在第一堂課我們提到，曾經全世界的學者都對人類的起源很感興趣，並有許多學者希望能藉著證明「多地起源假說」以鞏固族群認同。中國投入大筆資源修建周口店遺址博物館，欲彰顯北京人和現代中國人的連結，即是一種存在歷史運用。此外，希特勒在占領法國後，特別選擇在過去簽署凡爾賽戰敗條約的地點簽署新協定，也是很典型的歷史運用行為。

道德歷史運用：道德歷史運用突顯、審視和質疑歷史上的不公正，特別是針對少數群體和其他弱勢群體。這類用途可能是質疑特定歷史版本，帶給個體或群體更公正的詮釋或平反，或是批判社會中擁有權力的人在歷史上的行為。

商業歷史運用：商業歷史運用是指使用歷史來銷售產品。以歷史為背景的商業影集、電影或玩電腦遊戲時，都是此類型的歷史運用。此外還有旅遊業和玩具業，例如透過強調某景點的歷史重要性來吸引遊客和販賣紀念品，或銷售歷史主題的玩具，都是這類歷史運用。

意識形態歷史運用：當歷史用作加強和合法化某一群體的政治理念或某一政治體系時，可以稱為「意識形態歷史運用」。以此為目的人會**不成比例地**凸顯歷史當中符合自己的政治觀點之處。例如在冷戰期間，左派將美國描繪成為經濟目的而在貧窮地區支援專制政權發動戰爭的國家。而右派則將美國描繪成為民主價值和人權而奮鬥的國家。

在瑞典一八〇〇年代的國族浪漫主義浪潮中，意識形態歷史運用非常普遍，統治者都擅於利用國族的光榮歷史鞏固權力。直到今天，此類歷史運用在獨裁或一黨制的政權下仍很常見，對他們來說，歷史的關鍵用途在於牢固民意、強化並合法化當局的權力和政治觀點。

歷史迴避：選擇不觸及某些歷史也是一種消極意義的歷史用途。迴避歷史常見的原因是與自身利益不符，或是怕碰觸尷尬的過去。例如瑞典的歷史研究很少涉及瑞典如何在十七世紀和十八世紀參與大規模奴隸貿易，或者瑞典在第二次世界大戰期間與德國的合作。日本歷史教科書編輯委員會針對日本在二戰時期侵略行為的過多描寫進行審核，原因是「自虐史觀」將有損日本下一代的民族自尊。這些都是歷史迴避的例子。

從以上幾個例子可以看到，「歷史用途」的目的，無論是商業的、認同的、還是意識形態的，經常是和塑造集體「歷史文化」有關。

歷史意識

相對於集體層面的歷史文化，歷史意識是每一個個人經歷歷史、反思歷史並運用歷史的過程。每天打開電視，上網玩遊戲，各種歷史元素從四面八方而來，可以說已經是我們生活的一部分。歷史文化非常依賴傳播載體和途徑，因此往往涉及權力和利益。作為歷史的消費者，必須隨時檢視提供歷史的人（例如作者、記者、電視製片人、報紙編輯、網站編輯、博物館策展者等）可能有何意圖。而「歷史思維」作為瑞典國民歷史教育的宗旨，就是引導未來的歷史消費者在面對歷史「產品」時，能開放、批判，不隨波逐流。去看到歷史的形成、歷史的用途和意圖，也思考自己要如何看待、運用歷史。

一起走過本書介紹的歷史思維建構藍圖之後，我們現在可以試著回到最根本的問題：我們為什麼要學歷史？為什麼要回顧過去？透過過去，我們想要理解什麼？對於過去的不同解釋和呈現，將對現在和未來產生什麼樣的影響？

瑞典課堂活動

1 是誰創造了歷史？

在瑞典歷史博物館的最後一個展廳的主題是「誰創造了歷史？」館方選了幾個館內知名文物，並且呈現不同時代、立場的考古和歷史學家怎麼樣去詮釋這些文物。例如，在一八〇〇年代，瑞典烏普蘭出土了可以追溯到五〇〇－七〇〇年代的溫德爾盔甲，它

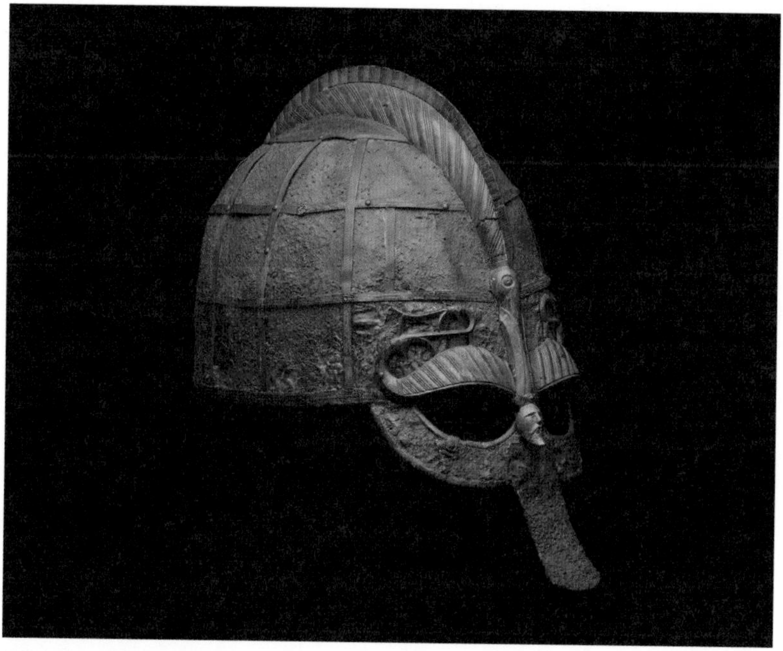

比維京時代更早的溫德爾盔甲。
（圖片來源：Statens historiska museum, CC BY 2.5, Wikipedia commons）

在瑞典國族主義興盛的時期曾被史家視為瑞典民族的象徵，然而隨著相似的器物陸續在挪威和丹麥出土後，溫德爾盔甲的歷史用途的也大幅減低。

2 關於溫泉關戰役的兩部電影

歷史電影常常同時述說兩個故事：一是關於過去，一是關於當下。編劇和導演通常會有意識或是無意識的，在作品當中反映出當下的擔憂和議題。比較兩部和溫泉關戰役有關的電影，一部是在冷戰期間上映的《決死雄獅》，一部是九一一事件後的《三百壯士》，可以解讀出許多不同的歷史意義。

一、冷戰時期的《The 300 Spartans》（台灣翻譯《決死雄獅》），一九六二年

導演魯道夫・馬德（Rudolph Maté）在冷戰的巔峰時期製作了這部電影，電影上映當年十月，古巴導彈危機差一點就把世界推向核子戰爭。許多西方人認為共產主義者正

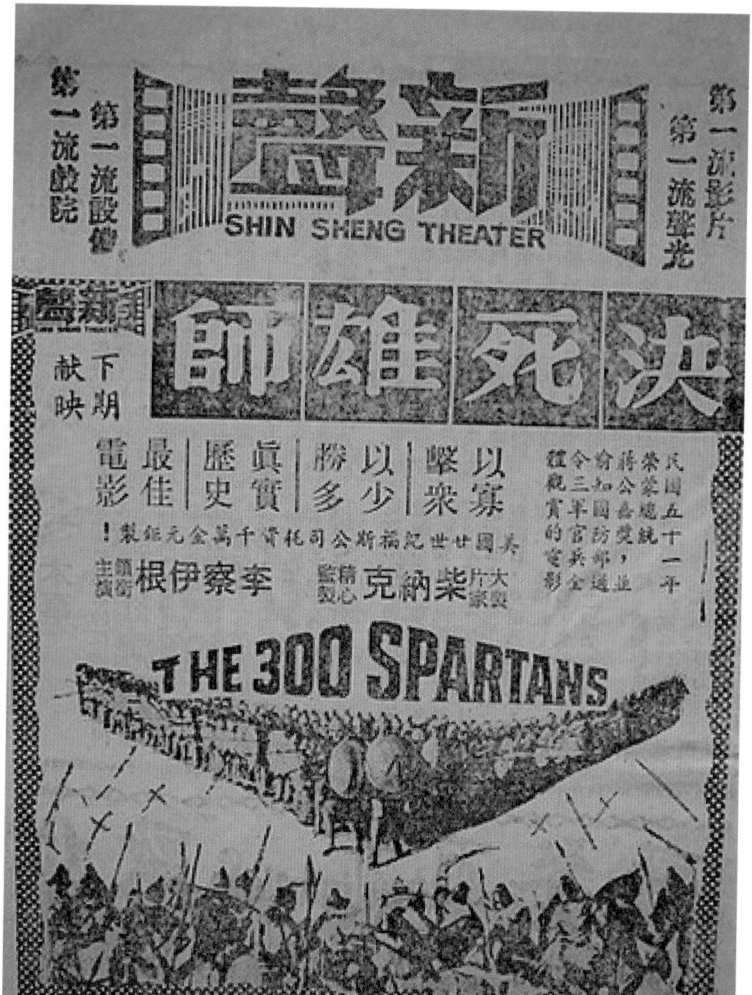

《決死雄獅》電影廣告：榮蒙總統蔣公嘉獎，並諭知國防部通令三軍官兵全體觀賞。
（圖片來源：舊時代的老電影部落格 https://lobo801091.pixnet.net/blog）

在極力征服西方，並在全球推行共產主義。

這個時代背景使侵略古希臘的波斯人成為蘇聯的理想替身。波斯王薛西斯暗示著龐大的蘇聯軍隊，而薛西斯正在對希臘發動一場不義的入侵，正如美國人預測蘇聯將入侵歐洲。

相反的，希臘人在電影一開始就是不團結的，斯巴達人、雅典人、科林斯人都拒絕承認薛西斯的威脅，只有少數角色意識到這一點。這似乎對應了當時歐洲是否跟隨美國，以及美國內部對蘇聯威脅的爭論。

電影的結語將溫泉關描述為「對全世界自由人民的激勵，展示了一群勇敢的人拒絕屈服暴政的輝煌成就。」在當時，反共產主義國家經常稱為「自由世界」，所以這個訊息很明顯：作為對美國社會和西方社會對抗蘇聯威脅的一種隱喻呼籲，它強調了共和黨和民主黨、以及西方各國需要更緊密合作，對抗共產主義威脅。

這部電影民國五十一年在台灣上映，不但受蔣介石嘉獎，並且成為國防部通令三軍官兵全體觀賞的電影。

二、九一一後的《The 300》（台灣翻譯《300壯士》），二〇〇六年

解讀一：斯巴達－美國，波斯－伊斯蘭極端主義

儘管導演查克．史奈德（Zack Snyder）再三聲明他的電影沒有任何當代政治目的，但許多評論家認為還是能在二〇〇六年上映的這部電影看出某些端倪。最普遍的解釋是，《300壯士》是九一一之後在美國盛行的愛國、軍國主義的體現。電影可以視為對美國在伊拉克和阿富汗的戰爭的辯護。與斯巴達戰士一樣，小布希總統保衛著西方免受東方的威脅。

解讀二：斯巴達－伊斯蘭極端主義，波斯－美國

斯洛維尼亞哲學家斯拉沃伊．日澤克（Slavoj Žižek）提出一個相反的解釋。由於《300壯士》是關於小國（希臘）被更強大的國家（波斯）入侵，所以最自然的解釋是將斯巴達人視為伊斯蘭極端主義，波斯人視為美國。

波斯王薛西斯試圖誘使斯巴達戰士加入多元文化和全球化的波斯帝國，就像美國曾

試圖讓伊拉克站在自己這一邊一樣。而用集體犧牲的方式反抗波斯的斯巴達人更像塔利班而不是美國人，斯巴達嚴酷無情的軍事紀律也類似於伊朗伊斯蘭革命衛隊，每個士兵都準備在與「美國帝國主義」的戰鬥中犧牲自己的生命。

這個解釋把或西方世界社會向來視古希臘為正義一方，而視波斯為邪惡化身的既定觀感做出顛覆。

解讀三：向受威脅的男子氣概致敬

如果從性別角度來解析《300壯士》，這個電影也可能是一種在女權主義和性別平等要求盛行的時代，向男子氣概的致敬。

電影中斯巴達人的行為始終充滿攻擊性和勇氣的組合。他們發達的二頭肌、精練的腹肌和極少的衣服突顯了極端的男子氣概。而電影的反派，波斯王薛西斯，與男性化的斯巴達勇士形成對比，他臉上化著濃妝，並且掛著精緻飾品，描繪成陰柔詭異的形象。

3 街道名稱的歷史用途分析

除了影劇流行文化以外，分析街道名稱、紀念碑、廣告、博物館中描繪歷史事件和人物的方式，都可以作為察覺歷史用途的練習。以下是由斯德哥爾摩歷史資料館製作提供的歷史用途練習。

題目：市區的廣場，在從前是人們買賣、聚會；現在是我們休憩、吃冰淇淋的重要公共空間。請你試著回想，或是用 Google Map 查一查斯德哥爾摩市內大小廣場的名字，有哪些是用歷史人物或是事件來命名的？

a 命名的人是誰？他們命名的動機可能是什麼？

b 現在請對照本館提供的歷史地圖，有哪些廣場曾經改了名？

c 改名的人是誰？改名的動機可能是什麼？

Uppgift 1 - Vad heter torgen?

Torgen var handelsplatser från början. Där handlade stockholmarna allt de behövde, innan det fanns affärer som vi är vana vid idag. Nu för tiden använder ofta torgen för att sitta i solen och äta glass, promenera omkring, plantera blommor eller parkera bilar.

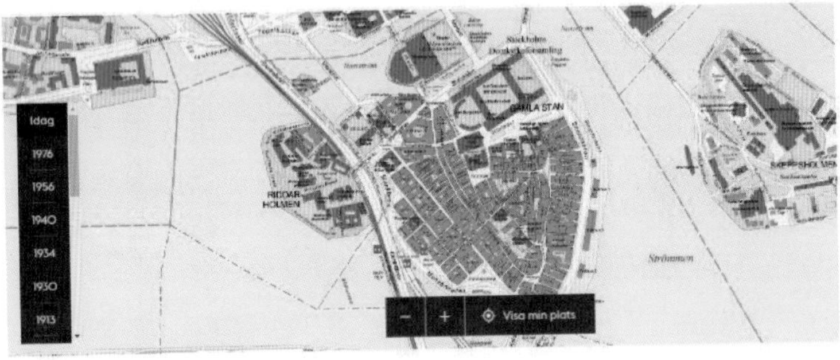

Titta på kartan Idag.

1. Gör en lista med torgens namn:
   - i Gamla stan
   - på Norrmalm
   - på Östermalm

能顯示斯德哥爾摩在不同年代樣貌更迭的數位地圖。
（圖片來源：斯德哥爾摩資料館 stockholmskallan.stockholm.se）

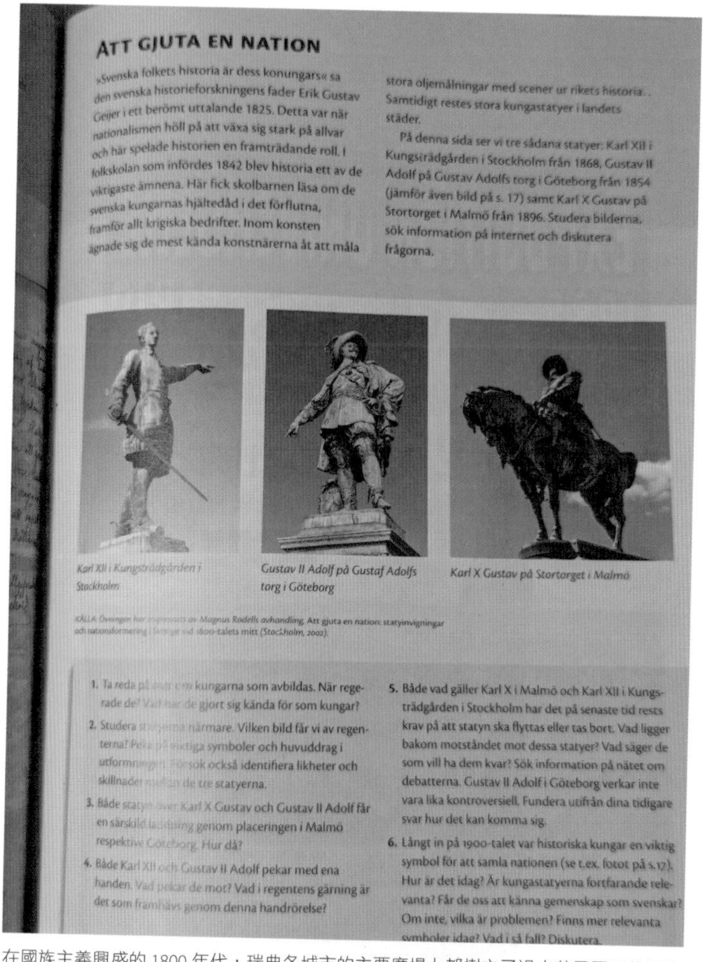

ATT GJUTA EN NATION

»Svenska folkets historia är dess konungars« sa den svenska historieforskningens fader Erik Gustav Geijer i ett berömt uttalande 1825. Detta var när nationalismen höll på att växa sig stark på allvar och här spelade historien en framträdande roll. I folkskolan som infördes 1842 blev historia ett av de viktigaste ämnena. Här fick skolbarnen läsa om de svenska kungarnas hjältedåd i det förflutna, framför allt krigiska bedrifter. Inom konsten ägnade sig de mest kända konstnärerna åt att måla stora oljemålningar med scener ur rikets historia. Samtidigt restes stora kungastatyer i landets städer.

På denna sida ser vi tre sådana statyer: Karl XII i Kungsträdgården i Stockholm från 1868, Gustav II Adolf på Gustav Adolfs torg i Göteborg från 1854 (jämför även bild på s. 17) samt Karl X Gustav på Stortorget i Malmö från 1896. Studera bilderna, sök information på internet och diskutera frågorna.

Karl XII i Kungsträdgården i Stockholm

Gustav II Adolf på Gustaf Adolfs torg i Göteborg

Karl X Gustav på Stortorget i Malmö

KÄLLA: Övningen har inspirerats av Magnus Rodells avhandling *Att gjuta en nation: statyinvigningar och nationsformering i Sverige vid 1800-talets mitt* (Stockholm, 2002).

1. Ta reda på mer om kungarna som avbildas. När regerade de? Vad har de gjort sig kända för som kungar?
2. Studera statyerna närmare. Vilken bild får vi av regenterna? Peka på viktiga symboler och huvuddrag i utformningen. Försök också identifiera likheter och skillnader mellan de tre statyerna.
3. Både statyn över Karl X Gustav och Gustav II Adolf får en särskild laddning genom placeringen i Malmö respektive Göteborg. Hur då?
4. Både Karl XII och Gustav II Adolf pekar med ena handen. Vad pekar de mot? Vad i regentens gärning är det som framhävs genom denna handrörelse?
5. Både vad gäller Karl X i Malmö och Karl XII i Kungsträdgården i Stockholm har det på senaste tid rests krav på att statyn ska flyttas eller tas bort. Vad ligger bakom motståndet mot dessa statyer? Vad säger de som vill ha dem kvar? Sök information på nätet om debatterna. Gustav II Adolf i Göteborg verkar inte vara lika kontroversiell. Fundera utifrån dina tidigare svar hur det kan komma sig.
6. Långt in på 1900-talet var historiska kungar en viktig symbol för att samla nationen (se t.ex. fotot på s. 17). Hur är det idag? Är kungastatyerna fortfarande relevanta? Får de oss att känna gemenskap som svenskar? Om inte, vilka är problemen? Finns mer relevanta symboler idag? Vad i så fall? Diskutera.

在國族主義興盛的 1800 年代，瑞典各城市的主要廣場上都樹立了過去英勇國王的銅像供人瞻仰，廣場也多以國王命名。一直到現在，斯德哥爾摩的卡爾十二世雕像前仍是瑞典保守右翼人士聚會的聖地。

（圖片來源：瑞典歷史課本 Nyström, L., Nyström, H., & Nyström, Ö.〔2021〕. Perspektiv på historien 1b. Gleerups Utbildning.）

台灣視角的延伸思考

成功路、成功國小，成功大學、延平郡王祠、開山神社。鄭成功的名字和形象，充斥在我們的四周。為鄭成功設置廟宇、神社，以鄭成功命名街道學校的人是誰？他們為什麼這麼做？

台北的街道名稱是以中國大陸的地名和四維八德交叉組成。命名這些街道的人是誰？他們為什麼這麼做？

鄭成功像。（圖片來源：easytraveler, CC BY 2.0, flickr）

12

你能想出十個女性歷史人物的名字嗎？——綜合練習1：女性的歷史

女性史著重於記述女性的生命經歷，而性別史則專注於探討為什麼女性以某種方式經歷生命。

直到一九〇〇年代中葉，大多數的歷史研究從未真正關注女性在歷史中的角色。即使女性出現在歷史敘述中，通常也是以男性眼光來定義，例如瑞典的克莉絲蒂娜女王（一六二六－一六八九），她的性傾向經常受到質疑，過去史家在描述她時也常反覆暗示她像男人。

傳統歷史敘事以國王、將軍和戰爭為焦點，更集中在男性的歷史，女性視為男人的附庸，一般婦女的存在幾乎被忽略。然而，在一九〇〇年代下半葉開始發生變化，歷史研究開始關注那些構成和建設社會的「普通人」的歷史，女性在歷史研究中也獲得更多的空間。

女性史

從事女性歷史研究的歷史學家，致力於挖掘那些被遺忘的女性，將她們納入歷史敘述中。她們可能是死於分娩床上的母親、遭受性暴力而讓自己和家族蒙羞的少女、在工業化時期的廉價勞動力、或是為了爭取平權而奮鬥的女性運動者。

需要注意的是，女性史是關於世界半數人口的歷史，女性自然不是一個整體，就像男性一樣是多樣而分裂的。在「女性」這個詞的背後，存在各種不同的階級、種族、世代等不同認同。

性別史

女性史致力於探討女性的生活條件，突顯女性的歷史記憶，但除此之外還有許多重要的問題：環繞性別的觀念和想法是如何形成的？為什麼歷史上男性的公民權總是多於或是先於女性？為什麼歷史書寫如此由男性主導？為什麼有些女性比其他女性過得更好？

在突顯女性角色的同時，為了更清晰地瞭解過去和現在，需要一種從女性和男性雙重角度出發的觀點，這就是「性別史」。

女性並不是先天就被創造為配角，而通常是在特定的性別規範和期待下形成這樣的關系。從事性別史的歷史學家試圖找出是社會中哪些文化、制度奠定了這種關係。透過研究這些文化、制度的形成和變化，我們可以更透徹地瞭解過去到今天的全景。

總的來說，女性史著重於記述女性的生命經歷，而性別史則專注於探討**為什麼**女性以某種方式經歷生命。

瑞典課堂活動

1 你能想出十個女性歷史人物的名字嗎？

a 首先請同學各自思考，是否能夠舉出在一九五〇年出生的十位著名歷史女性的名。

b 請小組同學合作，寫下這些名字。接著，再以相同的方式列舉男性。

c 在小組中比較你們的名單。你們能從這個練習中得出什麼結論呢？

這個活動的結果通常很明顯，那就是學生可以輕而易舉地想起十個男性歷史人物，而且各組提出的男性人物往往有很大的出入。而列舉女性歷史人物相對困難，而且各組的女性人物名單會非常雷同。這反映出女性在歷史記載中較少登場的現象。

d 各小組列舉造成這種性別差異的可能原因。

e 各小組討論，你覺得歷史記載上的性別差異可能帶來什麼樣的影響，需要改變嗎？可以怎麼改變？

性別氣質和性傾向常受史家質疑的瑞典女王克莉絲蒂娜。（圖片來源：Sébastien Bourdon,〔1653〕,《克莉絲蒂娜女王騎馬畫像》, Public domain, Wikimedia Commons）

在瑞典國家歷史博物館的展廳，常常在各處見到這樣的粉紅色展示欄，這些都是和女性史有關的內容。這家史博館沒有專屬女性史的展廳，而是用這樣的方式，讓女性史融入各年代和主題，但用顯眼的主題色抓住訪客的眼睛。（圖片來源：作者提供）

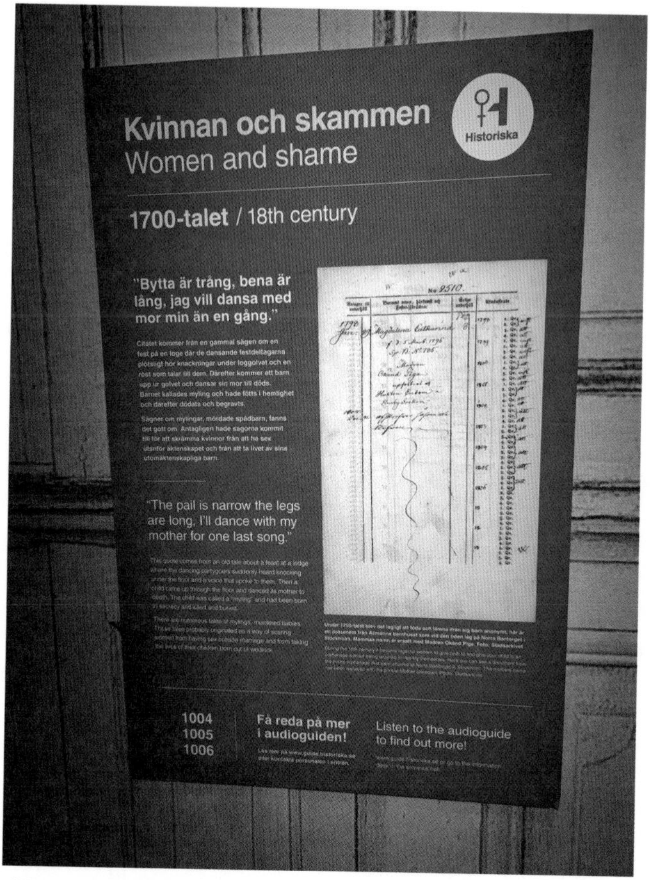
Kvinnan och skammen
Women and shame
Historiska
1700-talet / 18th century
"Bytta är trång, bena är lång, jag vill dansa med mor min än en gång."
Citatet kommer från en gammal sägen om en fest på en loge där de dansande festdeltagarna plötsligt hör knackningar under loggolvet och en röst som talar till dem. Därefter kommer ett barn upp ur golvet och dansar sin mor till döds. Barnet kallades myling och hade fötts i hemlighet och därefter dödats och begravts.
Sägner om mylingar, mördade spädbarn, fanns det gott om. Antagligen hade sagorna kommit till för att skrämma kvinnor från att ha sex utanför äktenskapet och från att ta livet av sina utomäktenskapliga barn.
"The pail is narrow the legs are long, I'll dance with my mother for one last song."
No 9510.
1004
1005
1006
Få reda på mer i audioguiden!
Listen to the audioguide to find out more!

（圖片來源：作者提供）

討論：為什麼女性在歷史記載中經常被忽視，可能有多種原因：

—女性社會角色的限制：女性被限制在特定的社會角色，這也影響了她們在歷史中的可見度。

—女性受教育機會不足：在歷史上，女性通常獲得較少的教育機會，這導致她們在學術和文化領域的表現受到限制。

—男性主導歷史書寫：歷史紀錄通常由男性書寫，女性成就可能遭輕視或遺漏。

2 「誠徵清潔阿姨」

根據台灣性別平等工作法，限定性別的徵人廣告可以判處十萬以上罰鍰，這是目前各國普遍的趨勢。然而在歷史上，徵人求才的條件向來有很鮮明的性別色彩。

瑞典老師請同學到地方圖書館查詢一八〇〇年代末到一九〇〇年代初的報紙上限女性的徵人廣告，並且對照同時期的性別平權運動成果里程，討論女性在勞動市場上的角色是否隨平權運動而產生變化。

斯德哥爾摩的總機小姐，1901-1902 年。（圖片來源：Nordic Museum, Public domain）

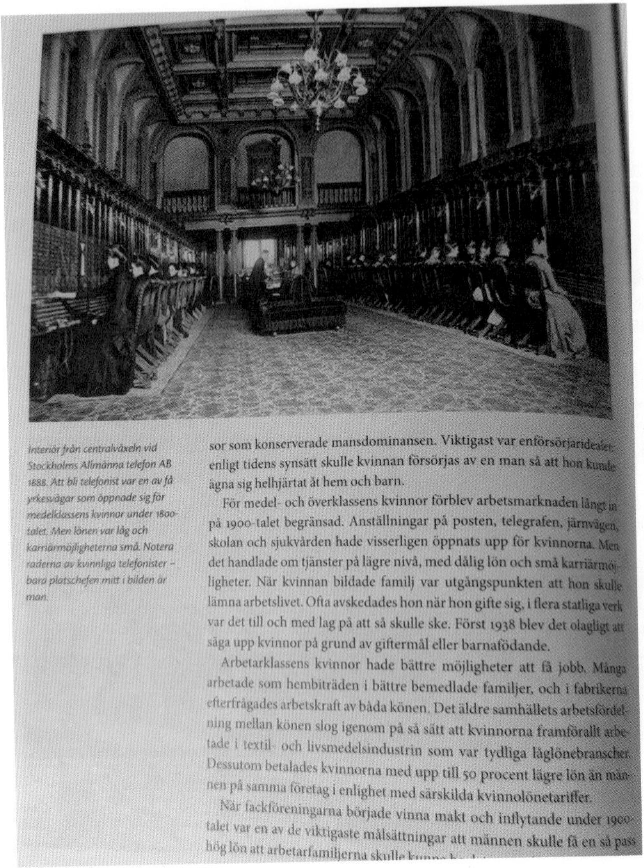

Interiör från centralväxeln vid Stockholms Allmänna telefon AB 1888. Att bli telefonist var en av få yrkesvägar som öppnade sig för medelklassens kvinnor under 1800-talet. Men lönen var låg och karriärmöjligheterna små. Notera raderna av kvinnliga telefonister – bara platschefen mitt i bilden är man.

sor som konserverade mansdominansen. Viktigast var enförsörjaridealet: enligt tidens synsätt skulle kvinnan försörjas av en man så att hon kunde ägna sig helhjärtat åt hem och barn.

För medel- och överklassens kvinnor förblev arbetsmarknaden långt in på 1900-talet begränsad. Anställningar på posten, telegrafen, järnvägen, skolan och sjukvården hade visserligen öppnats upp för kvinnorna. Men det handlade om tjänster på lägre nivå, med dålig lön och små karriärmöjligheter. När kvinnan bildade familj var utgångspunkten att hon skulle lämna arbetslivet. Ofta avskedades hon när hon gifte sig, i flera statliga verk var det till och med lag på att så skulle ske. Först 1938 blev det olagligt att säga upp kvinnor på grund av giftermål eller barnafödande.

Arbetarklassens kvinnor hade bättre möjligheter att få jobb. Många arbetade som hembiträden i bättre bemedlade familjer, och i fabrikerna efterfrågades arbetskraft av båda könen. Det äldre samhällets arbetsfördelning mellan könen slog igenom på så sätt att kvinnorna framförallt arbetade i textil- och livsmedelsindustrin som var tydliga låglönebranscher. Dessutom betalades kvinnorna med upp till 50 procent lägre lön än männen på samma företag i enlighet med särskilda kvinnolönetariffer.

När fackföreningarna började vinna makt och inflytande under 1900-talet var en av de viktigaste målsättningar att männen skulle få en så pass hög lön att arbetarfamiljerna skulle

斯德哥爾摩的電話接線大廳清一色是女性職員，只有中間的管理階層為男性。（圖片來源：瑞典歷史課本 Sture Långström.〔2012〕. Historia. 1b, Den lilla människan och de stora sammanhangen. Studentlitteratur.）

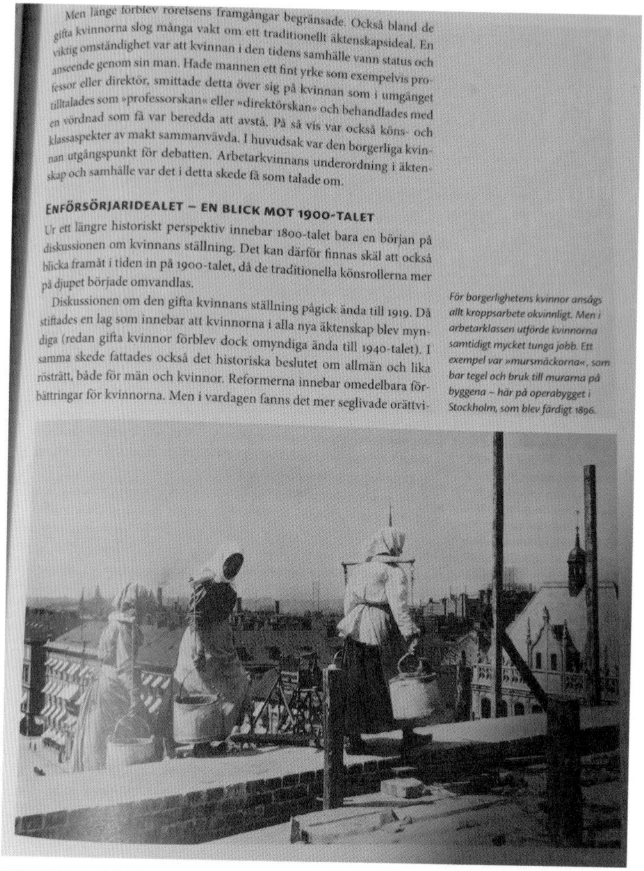
Men länge förblev rörelsens framgångar begränsade. Också bland de gifta kvinnorna slog många vakt om ett traditionellt äktenskapsideal. En viktig omständighet var att kvinnan i den tidens samhälle vann status och anseende genom sin man. Hade mannen ett fint yrke som exempelvis professor eller direktör, smittade detta över sig på kvinnan som i umgänget tilltalades som »professorskan« eller »direktörskan« och behandlades med en vördnad som få var beredda att avstå. På så vis var också köns- och klassaspekter av makt sammanvävda. I huvudsak var den borgerliga kvinnan utgångspunkt för debatten. Arbetarkvinnans underordning i äktenskap och samhälle var det i detta skede få som talade om.

ENFÖRSÖRJARIDEALET – EN BLICK MOT 1900-TALET

Ur ett längre historiskt perspektiv innebar 1800-talet bara en början på diskussionen om kvinnans ställning. Det kan därför finnas skäl att också blicka framåt i tiden in på 1900-talet, då de traditionella könsrollerna mer på djupet började omvandlas.

Diskussionen om den gifta kvinnans ställning pågick ända till 1919. Då stiftades en lag som innebar att kvinnorna i alla nya äktenskap blev myndiga (redan gifta kvinnor förblev dock omyndiga ända till 1940-talet). I samma skede fattades också det historiska beslutet om allmän och lika rösträtt, både för män och kvinnor. Reformerna innebar omedelbara förbättringar för kvinnorna. Men i vardagen fanns det mer seglivade orättvi-

För borgerlighetens kvinnor ansågs allt kroppsarbete okvinnligt. Men i arbetarklassen utförde kvinnorna samtidigt mycket tunga jobb. Ett exempel var »mursmäckorna«, som bar tegel och bruk till murarna på byggena – här på operabygget i Stockholm, som blev färdigt 1896.

斯德哥爾摩建築業的女工。中產階層女性主要從事電話轉接等靜態的服務性質工作，勞工階層的女性則和男性一樣做體力活。

（圖片來源：瑞典歷史課本 Sture Långström.〔2012〕. Historia. 1b, Den lilla människan och de stora sammanhangen. Studentlitteratur.）

賢妻良母曾經指的是「新女性」？

現在我們常用「賢妻良母」這個詞來形容符合傳統儒家形象的女性。但是其實在儒家經典中並沒有把「賢妻」「良母」併用的習慣。這個詞的現代性意義，是在一九〇〇年代初期，從日本引進的。

從中國傳統角度來看，「賢良」是就女性的道德品行而言的，但是日文中漢字的用法與意義稍有不同。在一八〇〇年代末日本社會出現的「良妻賢母」一詞裡，良和賢是偏重「有用、有智慧」的意思。這個詞有別於傳統「女子無才便是德」，女性不需要受教育的觀點，主張為了國家的繁榮與強大，女性必須受一定程度的教育，好成為能夠在家裡支持丈夫並且養育下一代的「新女性」。

在性別意識持續提升，相夫教子不再被視為女性的天職後，「賢妻良母」

這個詞的時代意義也跟著走入歷史。

關於武則天的提問

還記得在第三堂「提問練習」中，我們提到了武則天嗎？關於武則天，我們還可以問哪些問題？

在第二堂「史料檢視」，我們也提到了武則天弒女的歷史記載。從最初只有女嬰早夭的客觀描寫，到暗示武則天可能有罪責的模稜兩可，到繪聲繪影、罪證確鑿的生動故事。時間相隔越遠，傾向就越明顯，以致直到今天，關於武則天的電視劇都常有這個橋段。

也許我們能問，各代史家對武則天的描繪，為什麼會有這樣的傾向呢？同樣的，褒姒讓西周滅亡、慈禧的昏庸貪腐遠近馳名，難道周幽王都沒有個人意志？難道史上沒有比慈禧更糟的男皇帝？

在古今中外歷史上，都有許多「紅顏禍水」的歷史故事，讓人津津樂道，其中有不少，例如烽火戲諸侯，武則天弒女的描寫，其實是腦補杜撰的成分居多。為什麼人們喜歡寫、喜歡聽「紅顏禍水」的故事？

13

瑞典高中歷史的魔王級報告——綜合練習2：勞工的歷史

這個報告通常是針對某個歷史主題，例如種族屠殺、奴隸、移民、民主化、勞工運動等，請學生探討長期歷史發展趨勢。

記得有次我和我先生在家附近遇到住在對面的鄰居媽媽，她有個高二的女兒。她知道我先生是歷史老師，笑著對我們說：「我們家女兒這個禮拜一直在和歷史期末報告奮戰，家裡氣氛非常緊繃。」

我先生對此深表同情，也好奇地問了報告的主題，鄰居媽媽回答：「種族屠殺和違反人道罪。我女兒整天眉頭緊鎖，眉間紋都要出來了，哈哈哈。」在道別之際，媽媽留下一句話：「這幾天她沒空抱著手機看 Instagram，必須好好想一個問題，我高興都來不及。」

在回家路上，鄰居媽媽說的最後一句話讓我思量許久。回想過去，我在高中的時候也曾整天為了課業而精神緊繃，但是不記得有花好幾天的時間，好好去想過一個問題。

瑞典高中歷史課的魔王級期末報告

以下是瑞典歷史必修課評分標準當中成績E，也就是低空飛過及格線的標準。這幾項可以說是瑞典歷史課綱對所有國民，不管上不上大學，不管學文科還是理科，最起碼的要求和期待。

1. 能描述各時代的歷史發展，並提出不同的詮釋。
2. 能舉例說明一些人物，並解釋他們對歷史發展的重要性。
3. 能探討一些長期歷史發展趨勢，描述持續性和變革、以及原因和後果。
4. 能舉例解釋歷史發展和今天的關係，並解釋對未來可能產生的影響。

5. 能使用歷史概念，從不同視角提出問題，然後調查、解釋並得出結論。

6. 能用史料評估的原則檢視史料，使用史料回答有關歷史發展的問題，並且討論史料是否有效，以及對詮釋有何影響。

7. 能舉例說明一些歷史用途的例子，描述歷史發展、人物、事件如何被人運用，解釋運用的動機，並且評估這些運用在今天的意義。

而在這個基礎之上，越能合宜、充分展現各項能力的學生，成績就越高。瑞典學生的在校成績對申請高中和大學都很重要。而每一門課的成績是由老師透過各種活動、報告、考試等評鑑的總和。

在做報告的部分，從國中到高中，有個循序漸進的難度提升：在國中階段，老師多會請學生描述單一事件的來龍去脈，分析因果，能提出某種史觀的詮釋就更加分。我先生和朋友P在國三時針對二次大戰做的報告，就是很典型的例子。

而到了高中，所有學生都要修一年的歷史必修課。這門歷史必修課的期末報告，可以說是學生多年來學習歷史的「成果發表」，或者，也可以說是最後一個關卡的「大魔王」。這個報告通常是針對某個歷史主題，例如種族屠殺、奴隸、移民、民主化、勞工運動等等，請學生探討**長期歷史發展趨勢**。

在這份作業中，老師會引導學生進行「延續」和「演變」、「因」和「果」分析，接者就不同視角，例如「人物」、「結構」、「思想」、「生產方式」的線索展開討論，最後通常也會讓學生做「歷史用途」、「歷史文化」的解釋。[5]

我常常自忖，這樣的報告，我有信心能合格嗎？在最後一堂歷史課，我採用台灣勞動史上的重要事件作為主題，和讀者一起來想像，如果我們是瑞典高中生，會對這段歷史進行什麼樣的思考？

報告題目：四個影響台灣的勞動事件

你和學校到高雄市勞工博物館，參觀了「點時成今——影響台灣的勞動事件展」。請你從展覽中提及的八個重要勞動事件中，選擇其中四個，並且運用歷史概念和詮釋視角進行分析。

歷史事件描述：台灣勞工運動的發展可能比我們想的還要早。在日本殖民時期，台灣經歷了工業化。一九〇三年，建築木工不滿工資被剝削，和土木承包業者進行「團體協商」，成功爭取到工資調漲，後來隨即成立「台北大工組合」，成為台灣第一個現代工會。自此之後，勞工運動在思想啟蒙、領導人物的啟發、社會經濟的矛盾中醞釀、發展、受壓迫、再發展，一直到今天仍然是進行式。以下是四起影響了台灣的勞動事件：

（一）一九二七－二八年，台灣鐵工所和淺野水泥罷工事件——二〇年代台灣風起雲湧的工運熱潮

日本因應殖民經濟與軍需工業需求，建構台灣工業化基礎。除了製糖產業引進新型機器大規模生產，也有機械、電力、化學以及金屬等產業，日本財團相繼在台灣開設工廠，例如一九一七年淺野水泥株式會社高雄工場、一九一九年台灣鐵工所高雄工場等

5 作者註：也有歷史老師選擇用兩到三個較小的報告來進行這些評鑑。

等。

一九二七年，台灣的文化、政治團體台灣文化協會因為意識形態與路線主張的不同而分裂，其中左派又分成兩股，一是連溫卿領導的新台灣文協，一是蔣渭水領導的台灣民眾黨，兩者都投入勞工運動，競相爭取新興工人階級支持。新文協催生了台灣各地的機械工會，台灣民眾黨則組織許多工友會團體，並成立工友會總聯盟。

一九二七年四月三日，台灣鐵工所、淺野水泥高雄工廠、總督府鐵道部工廠及其他小型鐵工所等工人聯合組成「高雄機械工友會」，會長是王風。隔日，台灣鐵工所立即解雇王風，引起工友會成員不滿，雙方展開談判未果，於是工友會展開罷工。四月十六日台灣鐵工所發表聲明書，宣布解雇參與罷工者一百一十三名。

此事件引起連溫卿領導的「台灣機械工會」的關注與支持，倡議進行全島總罷工，各地方的工會組織發起募款，進行街頭講演，更有專業人士協助進行勞資談判。一時之間，來自全島的支援開始匯聚至高雄。四月二十二日，各地工會發動「同情罷工」，進而演變成串連全島的罷工運動，也是台灣百年勞動史／產業史至今唯一一次的跨廠場工人「總罷工」。參與罷工工場包括官業和民營共六十餘家，人數約四千餘人。最後在警

1928 年 2 月 19 日，台灣 29 個工會組織於台北市蓬萊閣舉行「台灣工友總聯盟」成立大會。（圖片來源：http://www.tonyhuang39.com/tony0580/tony0580.html, Public domain, Wikimedia Commons）

淺野水泥高雄工廠。（圖片來源：Public Domain）

察施壓下，被檢束者計有一百三十餘名。終告失敗。

在鐵工所風波的同時，淺野水泥株式會社高雄工場則因草率處理工人職災死亡案件、藉故違法解雇工人等原因，導致廠內勞資關係不斷惡化與緊張，期間，高雄機械工友會多次向資方提出訴求。一九二八年三月，四十一位工友會成員遭資方解雇。四月罷工開始，蔣渭水領導的台灣民眾黨參與動員，在各地舉辦演講會、募資募款，罷工者更組成糾察隊以防資方攏絡分化，直到警察以暴行罪逮捕主要罷工成員三十一人，在歷時兩個多月後終告失敗，是台灣歷時最久的罷工行動。

年底，被逮捕的罷工運動者雖然無罪獲釋，但此後沒有再發生同等規模的罷工運動了。

（二）一九四九年郵電工人大遊行——二二八事件後最大勞工運動，白色恐怖的早期犧牲者

一九四九年三月二十六日，來自台灣各地的郵電工人（台籍郵局與電信局工人），

從位於北門旁的台北郵局出發，沿途陸續加入支持與聲援的群眾，到了省政府前，以台灣郵電工人為主體的兩千名群眾，包圍了省府大樓。他們的抗爭訴求是得到「正式聘僱身分」，「與外省籍員工同工同酬」。遊行過後，雖然台籍員工仍須通過考試才能正式受聘，但幾乎所有參加考試的台籍員工都能通過，抗爭成功落幕。

這次郵電工人突襲式的遊行，是台灣社會運動、工人運動在一九三〇年代遭日本殖民政府全面鎮壓後，相隔了近二十年，規模最大的一次以工人為主體的集體行動。而且，爆發這場遊行的兩年前才發生「二二八事件」，國民黨當局正是在同一地點以機槍對著近千名往官署集結的抗議民眾掃射，造成無數傷亡。

台籍郵電工人如此無畏的組織遊行，爭取應得的權力，很大程度是受到來台前即有豐富工人組織經驗的地下黨人，江蘇籍女教師計梅真、錢靜芝的啟發。當時台灣省郵務工會開設「國語補習班」，由計梅真、錢靜芝擔任教員，除了教學國語外，她們也組織「補習班同學會」，並鼓勵同學會成員自主發行《野草》刊物，為學員們帶來爭取平等和權益的意識。

一九五〇年，隨著戒嚴令頒布，計梅真、錢靜芝二人被捕，台灣省保安司令部軍法處合議庭判決：計梅真、錢靜芝「意圖以非法之方法顛覆政府而著手實行，犯行確鑿，罪無可逭，亟應處以極刑」在馬場町刑場遭槍決。其他工會成員如許金玉、劉建修等三十三人，則分別被判處十五年、十年和七年不等之刑期。

一九四九年五月〈台灣省戒嚴令〉頒布，明文禁止「聚眾集會罷工罷課及集會遊行請願等行動」，台灣社會和勞工運動進入長達三十八年的噤聲時期。

（三）一九八九年，遠東化纖產業工會罷工事件——解嚴後規模最大的勞資爭議

一九八七年解嚴後，隨著政治民主化與經濟自由化，許多勞工團體相繼成立，勞工運動開始更加興盛。與此同時，也發生了多起工會重要幹部遭到調職或解雇的案例。一九八九年三月二十四日，當年已發展成為台灣工會運動火車頭的遠東化纖工會，工會關鍵的幹部徐正焜接到調職命令，工會認為資方意圖瓦解工會，向新竹縣政府申請勞資調解，針對此舉，資方將徐正焜解雇，接著又藉故開除兩位工會常務委員羅美文與曾國煤。

《點時成今——影響台灣的勞動事件展》。（圖片來源：高雄市勞工博物館提供）

調解失敗後，遠化工會成員於五月十三日投票表決，以一千二百七十八票贊成五十九票反對取得罷工權。罷工期間資方派出保全人員，政府配合出動鎮暴警察與水車強力鎮壓。抗爭進行至五月二十三日，在資方威脅恫嚇的策動、指揮下發起「愛廠復工簽署活動」，迫使勞方分裂成「復工派」與「罷工派」，內鬨惡化的結果，罷工運動遂以失敗結束。

遠化罷工事件後，遭解僱或起訴的工會幹部及工運人士總數達四百餘人。此事件既是一九八七－八九年間台灣工潮的高峰，同時也是尾聲，此後，台灣工運進入了一段相對低迷的時期。

（四）一九八九年，安強、十全美關廠抗爭事件——解嚴後第一起工運人士遭判刑入獄的事件

位於高雄市前鎮加工出口區的日資安強、十全美兩家鞋廠，並未成立保障勞工權益的工會。一九八九年，雇主在積欠員工兩、三個月工資後無預警關廠，甚至未發給資遣

費與退休金，便捲款潛逃至中國投資。受害女工求助無門，找上台灣工會幹部聯誼會總幹事顏坤泉協助進行追討行動。從十月起進行數個月的抗爭，至相關部會陳情，並將庫存鞋子拿至台灣大學義賣等行動。

十一月二十九日抗議女工在台北市勞委會前和平陳情抗議，卻遭鎮暴警察尋釁毆打，並抓走抗爭領導者顏坤泉，以違反《陸海空交通法》等罪名起訴判刑，顏坤泉為此坐牢一年十個月，於一九九二年五月一日勞動節入獄服刑。他是解嚴之後，除了一九九一年貢寮反核運動撞死警察意外事件之外，台灣所有社會運動參與者中，被判刑最重的人。

這四個台灣的工運事件，可以用以下幾個視角為思考線索：

思想：一九二〇年代，在日本殖民下的台灣雖然存在《治安警察法》、《治安維持法》等管制思想與社運的法律，但是各種結社集會、政治請願與社會運動仍然找到空間百花齊放。而在世界上，民族自決與社會主義思潮席捲全球，也啟發了當時台灣的政治社會運動。面對台灣面臨的問題，許多人認為殖民地的不平等不單只是政治參與層面上的，也包含了產業與經濟體制，因此益發關注農民與勞工的生存狀況與勞動價值剝削的社會問題。在此之後，台灣勞工運動接連面臨了日本軍國主義、冷戰時期黨國戒嚴、和經濟自由主義的多重挑戰。

生產與經濟：資本主義經濟的勞資不對等

從台灣工業化到今天的一百多年間，台灣的產業多次經過景氣循環、產業轉型、外移、民營化等震盪，在每一次震盪中，資方相對於勞工握有絕對的優勢，可用不當解雇、惡性倒閉、捲款潛逃、變賣產業的方式來自保、圖利，讓勞工承擔所有後果。

除了在非常時期外，平時資方也掌握了議價優勢，享有薪資、工時等決定權，這種不對等容易讓勞工遭到不合理的勞動價值榨取。而勞工透過工會組織提高議價能力，讓資方失去優勢，是上述事件中資方普遍壓制工會的原因。

補充思考

剩餘價值與勞動價值的榨取

假設一個勞工一個月的工作創造了五萬元的價值，而他的薪水是三萬元，這中間兩萬元的差距，就是「剩餘價值」，這個剩餘價值成為資本家的盈餘，可以用來擴張資本、提高生產規模和效率，創造更多價值，價值的總和不斷增加，帶動了經濟成長。

提出以上概念的馬克思把這種「剩餘價值」的轉讓視為一種「剝削」，並聲稱在他構想的「共產社會」，每個人都能得到自己創造的所有價值，不需要拱手讓人。但共產社會終究難以實現。

相對的，溫和的社會主義不以共產為目標，承認「剩餘價值」的產生與轉讓是資本經濟和經濟成長必然的現象。然而，資本家並沒有無限「榨取」勞動價值的權利，例如使用低薪、高工時的方式在勞工身上擠出更多剩餘價值。此外，為了社會永續，勞工也有權擁有基本的勞動環境和保障。

自從工業化以來，全球各地的勞工普遍遭到無止盡的榨取，生活品質和安全受嚴重影響的例子比比皆是，這迫使勞工組織起來，透過團結爭取權益。同時也有不少資本家認識到，不過分榨取和保障勞權，是提升生產、減少衝突、讓經營更永續的理性選擇。

至於要到什麼程度，才叫做「榨取」？這對不同意識形態、不同時代的人們來說，定義可能都不一樣。只有一點是確定的：不平則鳴，當不公不義超過容忍極限，民眾就會發出聲音。

人物：台灣勞工運動的領導人物包括了蔣渭水、連溫卿、計梅真、錢靜芝、顏坤泉等。每個人的人生經歷和轉折，都和工運歷史緊緊相扣，值得進一步探究。

結構：以資方、勞方、國家的權力架構為思考線索

如果我拿到這份作業，我想我會從結構的視角出發，去探討國家公權力在台灣百年勞資矛盾當中扮演了什麼樣的角色。

在以上的歷史事件描述中，可以看到許多國家力量介入勞資糾紛的顯著痕跡，例如「警察以暴行罪逮捕」、「槍決」、「配合出動鎮暴警察與水車強力鎮壓」、「起訴判刑」等。

這讓我想到，在瑞典的學校課本，勞工史是安排在「瑞典民主化過程」的章節中，而我一開始不太理解這樣的編排。

在一九三八年以前，瑞典勞工運動非常不和平。每一次罷工發生，資方常一邊解雇工會員工，一邊雇用「工賊」（strikebreaker）繼續生產，瓦解罷工。當時的工會對工賊恨之入骨，組織「罷工護衛」，看到工賊就打，打到他們不能工作為止。為了保護工賊，資方請國家派出軍警維護秩序，這其中也充斥著暴力衝突，雙方都可能掛彩。直到有一天軍方擦槍走火，打死了五名勞工，造成瑞典各界一陣嘩然。

由於資方握有雇用工賊這條退路，導致勞工組織必須進行過激的罷工舉措，而因為

過激的舉措，造成國家軍警必須介入鎮壓。各方一昧地卯足全力，最後效果卻適得其反。當時的瑞典民眾開始對勞資雙方紅了眼的對峙和公權力的介入感到厭倦。

在一九三八年，社民黨政府居中協調，和全國勞資雙方代表坐下來，尋求共識。這個會談的結果，就是在勞權史上著名的「沙堡勞資協定」。這個協定禁止資方請工賊，也限制勞方的罷工規模，並明文規範雙方談派義務，同時削弱勞方和資方，讓和平談判成為可能。

進一步了解以上歷史以後，我才了解為什麼瑞典課綱把工運史放進民主化的脈絡中。資方、勞方、和國家用透明的程序和法治來相互制約、妥協，找到理性非暴力的方式解決問題，這即是一個民主化的里程碑。

瑞典有幸能在民主體制下走過勞資矛盾，而台灣的勞工運動發展則相對顛簸難行，不僅要在殖民政府和威權政府下求生存，更捲入全球冷戰衝突的最前線。

在非民主社會，姑且不論資方和當權者經常存在的裙帶、依賴關係，當權者對所有會威脅到穩定秩序的社會運動都是不樂見的。因此面對勞工抗爭，往往是用「平亂」、「維護秩序」的邏輯去進行控制，這無論在日殖時代或是黨國時代，都如出一轍。

而戰後台灣在國共內戰和全球冷戰蔓延的紅色恐怖當中，當權者在戒嚴體制下，完全否定了勞工自主組織的任何可能性、並對曾經參與者進行大規模捕殺，於是勞工運動成為人人自危的禁忌詞彙，甚至直到解嚴後的一九八九年，仍有工運領導者被判刑入獄。

解嚴至今已經經過三十餘年，台灣民主和公民社會得到很大的發展，現在執政者以軍警介入勞資紛爭的情況已不復見。今天我們對公權力的期待，也從不被抓起來坐牢槍斃，轉變為督促國家更加完善勞權和勞資協商的法律框架。

歷史用途

針對勞工史的「歷史迴避」

在西北歐國家，勞工史作為勞權教育的一環，是國民教育的重點。就算是在最「反共」、最崇尚經濟自由主義的美國，多數中學歷史課本都包含一些關於勞工史的篇幅。

我在一九九〇年代讀的台灣各科課本，完全沒有所謂勞權、工會和勞工史的內容。

瑞典歷史課本關於勞工史的篇幅不少，圖中是在 1931 年造成五名勞工被射殺的大規模罷工遊行。（圖片來源：Nyström, L., Nyström, H., & Nyström, Ö.〔2021〕. Perspektiv på historien 1b. Gleerups Utbildning.）

現在台灣公民科課綱包括了關於勞權的教學項目，然而至今勞工史仍是歷史課本中缺漏的一章。

這個現象以「歷史用途」的概念來解釋，即是很明顯的「歷史迴避」。白色恐怖時期參與工運的人物和故事在當時的肅殺高壓下石沉大海，直到近二十年才透過學者們的努力重見天日。而一九二〇年代在台灣風起雲湧的工運團體、解嚴後一連串工運事件，也鮮為人知。

這樣的歷史文化，會造成什麼後果？近年來，每當有勞資糾紛的新聞，總能聽到有人搖頭感嘆：「現在人不像過去的人那麼吃苦耐勞，動不動就要罷工」。很明顯的，對工運歷史的集體失憶，確實影響了我們對於勞工身分的認同，以及對眼前社會議題的詮釋。

而歷史迴避的動機，常是因為違背迴避者的利益、或因為觸及迴避者尷尬的過去，這兩點當中，哪一點更符合？還是兩點都說中了呢？

（本章由台灣高等教育產業工會 研究員陳柏謙協助編寫）

《一個工人讀歷史的疑問》／布萊希特（譯者：馮至）

七個城門的底比斯是誰建造的？
書本上列了一些國王的名字。
石頭和磚塊是國王搬的嗎？
還有巴比倫，一再被摧毀
是誰又一再將她重建？
金光閃閃的利馬的建築工人，
他們住的房子在什麼地方？
砌了一天的城牆，天黑之後，
萬里長城的石匠在哪裡過夜？
雄偉的羅馬到處都有凱旋門。
那是誰打造的？那些羅馬皇帝
戰勝的又是誰？

大名鼎鼎的拜占庭
它的居民都住在宮殿嗎？
傳說中的亞特蘭提斯，
大海先淹沒奴隸，然後
那些主子才漂浮在黑夜的汪洋中哀嚎。
年輕的亞歷山大征服了印度。
就憑他一人嗎？
凱薩打敗了高盧人，
他該不會連個煮飯的都沒帶吧？
無敵艦隊沈沒的時候，
西班牙的菲利普哭了。
沒有別的人哭嗎？
腓特烈大帝在七年戰爭中獲勝。
除了他還有誰獲勝？

頁頁有勝利。
誰來準備慶功宴？
代代出偉人。
誰來買單？
一大堆史實。
一大堆疑問。

第二部

瑞典歷史教學環境

2-1

跨科目的歷史

歷史與跨科目的課程

瑞典學校有許多跨科目的課程，其中「宗教課」甚至是所有高中生都必修的主幹課程之一。記得剛來瑞典時知道他們高中要上宗教課，我還以為瑞典人很信奉宗教，但後來才知道恰好相反，瑞典是很世俗化的國家，上教堂的人少之又少。在宗教課上，學生從地理、歷史、社會科的角度去理解各地的宗教文化，補充全球史地知識，也促進多元文化理解。雖然也有人提出，用「宗教」做為認識其他文化的視角，不見得能獲得最完整的認識，不過不可否認的，在今天多民族的瑞典社會，對彼此宗教的理解和尊重，是最起碼的出發點。

另外一個很多理科學生都會選修的跨科目課程是「科技課」，這門課從人文、社科角度去探索科技如何改變人類社會的面貌，也思考未來科技可能帶來的人文社會發展。記得有天卡樂從學校回家，看到我劈頭就問，在亞洲的曆法傳統中，一個月的週期和女性的生理週期有什麼關係嗎？

我想了想，回答應該沒有，問他為什麼問這個。原來他當時正在上這門「科技課」，其中一個學習要點是談所謂的「人為約定」和「自然約定」。以時間的度量為例，一年是地球繞太陽一週、走過四季的時間，那是自然約定。而「月」的部分，目前只有伊斯蘭曆的「月」是跟隨月亮圓缺的純粹自然約定，完全和年脫節。陽曆的「月」已經和月亮無關。而中國舊曆的「月」，則是在月亮圓缺的基礎上，加上一點人為調整，好配合上年的腳步，介於自然和人為的中間。至於一天二十四小時、一小時六十分鐘，一年是什麼時候開始，這又是更人為的約定了。

他在課堂上問學生，還能想到什麼自然約定？一位學生舉手說，也許也有曆法是採用女性經期循環做為依據？他聽了覺得這個學生的想法很有意思，而且不無可能，所以回到家看到我就隨口問了一句。

這個教學項目主要是讓學生意識到，人類社會有很多約定，有些約定是自然約定，一年就是一年，我們怎麼樣都改變不了。但如果一個約定是人為的，卻也一直改變不了，那往往就是人類傳統慣性的所在，可以從這些癥結去思考人類有什麼堅持，為什麼堅持等等問題。

例如我們都很習慣了在市區各處、還有高速公路上每一段距離，就會有一個加油站。然而這些硬體設施和習慣，都是圍繞著「石油燃料」這個科技而來的人為建設。而當我們要更新一種科技的時候，也意味著要更新我們已經習慣成「自然」的人為環境，抵抗這些改變的阻力往往比我們想像中的大。

歷史課和閱讀寫作

瑞典高中每年都舉行國文、英文、和數學課的全國期末考試。過去歷史科也有全國考試，當時設計的題目通常是這樣的：給學生十幾段來自各時代的史料和歷史文本，這些文字都圍繞著一個主題，例如「奴隸制」、「移民遷徙」等。接著要求學生透過高中歷史課綱著重的幾個概念：「因果」、「延續和演變」、「史觀」、「史料評估」來詮釋這些史料和文本。

後來歷史科的國家考試取消了，主要原因是瑞典全國考試的型態和宗旨經過改革，必須「完整反映學生在一門課上的學習表現」，學者和老師認為在有限的的時間內用一份歷史考卷，很難達到這樣的效果。事實上，統計數據顯示，過去學生用這份歷史科考卷考出來的結果，跟他們的國文科考試成績基本上是吻合的。也就是說，這份歷史考卷考的能力更偏向語文能力，不能呈現歷史科的整體能力。

其實不管是哪個科目，終究還是需要仰賴理解文本、批判資訊的語文能力。現在各國學校很重視各學科的「literacy」。「literacy」一詞的狹義解釋是「識字」，但還有一層更廣的定義，指透過文字去獲得知識、以及世界互動的能力。我一直覺得這個廣義的 literacy 很難解釋，剛好最近聽到一位瑞典教育學者形容 literacy 就是「from word to world」，我覺得是挺簡潔有力的說明。

閱讀寫作能力終究會是學生獲得、運用各科知識的基礎。如此重大的教學項目，只由國文老師來肩負是不夠的。針對這一點，瑞典學校強調每一科老師都有透過各科目增進學生語文能力的責任，也鼓勵國文科老師和各科老師合作，設計同步練習語文能力、和各科知識的作業。

我先生和瑞典文老師、英文老師曾經共同合作，三人以「極地探索」為主題，設計了共同教學活動，讓學生描述和分析史上人類探索極地的背景、過程和動機。學生必須先閱讀英文史料，並用瑞典文書寫，繳交的報告先由瑞典語老師批改，然後才到我先生手上由他批改歷史的部分。

其中有個學生的報告得到優異的語言成績，全文結構完整、內容豐富、行文流暢。他在文中描述了獵犬對探險隊而言不能取代的重要地位，不但能作為交通工具，還能協助打獵覓食，甚至獵取北極熊，為探險隊提供了珍貴的脂肪和蛋白質來源。然而這位學生描寫的，是探索南極的行動，不可能會有北極熊登場，可見學生可能在彙整史料和文本時粗心大意，以致犯下這麼明顯的錯誤。

2-2

瑞典學校的歷史教學和評量

瑞典學校的歷史教學日常

瑞典學生在申請高中和大學時，主要用的是在校成績。（對高中在校成績不滿意的學生，也可以參加一個「大學入學考試」，不過這個考試只考瑞典語、英語、數學三個科目，所以在此不多做討論。）

瑞典高中學生一年會修大約八百學分的課，主要科目多是一門課一百學分，但也有一些五十學分的課。三年下來所有課的成績按學分加乘計算總平均，就是申請大學的依據。

瑞典高中的歷史課有三門，一共三百學分，但是只有第一門是必修課，其他兩門是選修。瑞典的歷史課以西方史做為主要的脈絡，在國中花三年先走過一遍歷史內容，淺談歷史概念，高中再花一年就可以走第二遍並且做更深入的歷史思考。相對的，台灣歷史課有東西方兩條脈絡要顧，在份量上就多了幾倍，這是血淋淋的事實，在講求思學平衡的素養教育下，還要劃分時間出來做思的練習，每一個割捨都不容易。

一百學分的意思，就是一週有一百八十分鐘的課堂時間。瑞典的課堂時間可依老師的意願和課程性質規畫，例如我先生教歷史、數學和電腦程式三個科目，他的數學課是每週三堂六十分鐘，歷史課是每週兩堂九十分鐘、電腦程式課則是每週一堂一百八十分鐘的課。一般來說，歷史老師更喜歡長一點的上課時間，因為可以安排討論、報告等各種教學活動，當然也會有休息的時間。

評分標準

評分是一門很大的學問，屬於專業的領域，在這裡僅分享幾個我覺得瑞典在評分上較有意思的地方。

瑞典各科老師必須要透過各種課堂活動、報告、測驗等方式來考核各個教學重點，

Uppgift 8. Att använda historia om kommunismen i Östeuropa

På denna sida hittar du två exempel där historia om kommunisttiden i Östeuropa och Sovjetunionen används på olika sätt. Uppgiften finns på nästa sida.

	E	C	A
Referens			
Begrepp			
Källor			
Användning			

Exempel (a), Ungern

1989 föll Berlinmuren och året efter valdes en ny regering i Ungern. Fyra år senare, 1993, skapades **Memento Park** i Budapests utkant. Det var den nya regeringen som byggde parken. Man flyttade statyer som hyllade kommunismen till parken. Här finns nu bland annat de statyer av Lenin och Marx som stått på gator och torg i ungerska städer under kommunistperioden.

Bild från ett material som visar information om Memento Park.

En staty i parken som föreställer Lenin.

教育部協助設計的瑞典高中歷史考題。分析共產主義象徵在今天的歷史用途。例一，匈牙利的共產雕像公園，匈牙利國內與過去共產統治有關的雕像都被移除，並集中在此保管。
（試題來源：瑞典教育部 skolverket.se）

Exempel (b), en restaurang i Kanada

I Toronto finns i dag en restaurang med namnet **Pravda Vodka House**. I restaurangens reklam och inredning använder man tydliga kommunistiska symboler. Pravda betyder *sanning* på ryska och *Pravda* var också namnet på en tidning i Sovjetunionen som gavs ut av kommunistpartiet.

Reklam för restaurangen som visar att man kan hyra en lokal som kallas för GULAG för privata fester.

I restaurangen finns bland annat bilder på Marx och Lenin, men även kommunistiska symboler, till exempel hammaren och skäran.

例二，加拿大的共產主題餐廳。（試題來源：瑞典教育部 skolverket.se）

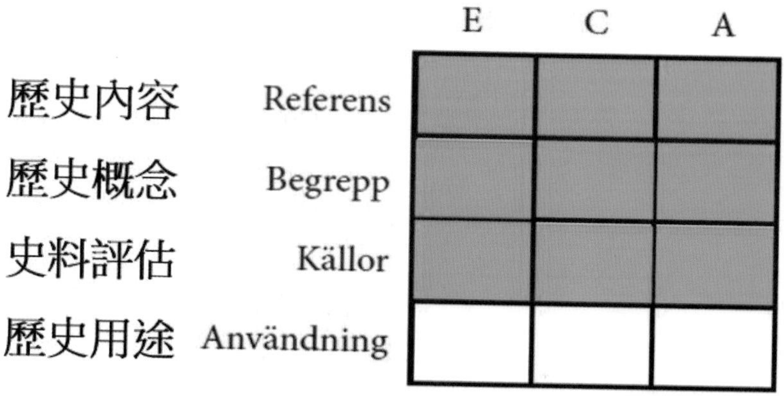

每道題的旁邊都有該題涵蓋的課綱要點圖示（標示白色）。這道題涉及了歷史用途，並且評分為A-E。（試題來源：瑞典教育部 skolverket.se）

Uppgift

Förklara **varför** historia om kommunismen har använts på olika sätt av **(a)** de ungerska makthavarna som efter Berlinmurens fall lät bygga **Memento Park** och av **(b)** de som startade restaurangen **Pravda Vodkabar**.

Tänk på att:

- Diskutera **vilka syften** användarna kan ha haft med sin historieanvändning. Utgå från **båda** exemplen
- Diskutera användarnas olika syften genom att ange hur de kan ha tänkt om den **dåtida kommunistiska perioden**
- Diskutera användarnas olika syften genom att använda exempel från de samhällen som de befinner sig i

Så här bedöms ditt svar på uppgift 8

E	C	A
Du förklarar skillnaden i historieanvändning genom att hänvisa till användarnas olika syften.	Du förklarar skillnaden i historieanvändning genom att hänvisa till användarnas olika syften. **Du använder rimliga historiska exempel om kommunistperioden när du diskuterar användarnas syften.**	Du förklarar skillnaden i historieanvändning genom att hänvisa till användarnas olika syften. Du använder rimliga historiska exempel om kommunistperioden när du diskuterar användarnas syften. **Du använder rimliga exempel från användarnas <u>olika</u> samhällen när du diskuterar deras syften.**

每道題後面都有配合課綱要點的評分標準，這道題的合格標準是學生能說明這兩種歷史記憶的用途。匈牙利的共產雕像公園是屬於處理歷史創傷、批判過去掌權者行為的道德歷史運用。而加拿大的共產主義主題餐廳則是吸引顧客的商業歷史運用。如果想拿到高分，學生還必須進一步分析，為什麼在這兩個國家會有這麼不同的歷史運用。

（試題來源：瑞典教育部 skolverket.se）

然後對學生做出整體的評鑑，這實在是不簡單。為此教育部為各科老師提供了很多評分的幫助。例如招集學者，精心設計能涵蓋各個教學重點的考題。

此外，老師也必須確認學生每一項必要的學習表現（如在本書第十三堂課所述）都達到合格標準，如果缺了一項，必須補做作業或是重考，直到學生能展現此能力為止。

總的來說，瑞典學校在實際操作上有助於歷史思考教學的要素有：

1. 歷史教學內容的份量相對較台灣少
2. 充裕的課堂時間
3. 平時成績意義重大，讓學生不能輕忽每個討論、報告
4. 清楚的歷史思考教學項目和評鑑標準
5. 來自教育部、博物館等的教案和考題協助

後記
在民主化脈絡下的課綱改革

很多人說：「現在台灣的課綱總是充滿爭議，真是混亂。」而我想回答：「真好，課綱終於正常化了。」

印象中，台灣的課綱內容爭議，幾乎和政黨輪替是同時的。這當然不是巧合。自古以來掌握教育、考試權的人，就能掌握思想。教育，尤其是語文社會科的教學內容和方式，對國民的認同影響至深。

所以民主國家的國民教育，自然也應該要得到民意基礎的支持。而在民主國家，每一次選舉就會把不同的民意基礎反映到國會和政府各部門，同樣的，也會反映到國民教育上。

我在本書提到，瑞典各政黨都對選民有針對課綱的承諾，並且在選舉後反映到課綱上，這種持續的調整，是民主國家的常態。然而在台灣，似乎仍有很多人覺得存在一種不能改變的，「正確的課綱」。而這種想法，恰恰就是因為過去黨國一手緊抓住課綱的緣故。

過去黨國對課綱的操控、對知識的詮釋是那麼的處心積慮、深植人心；現在一旦失去絕對話語權，難免十分擔心別人處心積慮、深植人心，殊不知這只是分享權力的陣痛罷了。

台灣課綱走上分權的「新常態」，在未來，我們都不知道台灣的民意基礎和課綱內容會有什麼樣的走向。因此，課綱改革的另一個民主化脈絡，是重視批判自主的訓練，和保有穩固的價值根基。

在目前瑞典的國民教育總綱中，有一條課綱的描述是這樣的：「學校培養學生正義、慷慨、包容和負責任，實現基督教傳統和西方人文主義所傳承的倫理觀。」

正義、慷慨、包容和負責任，一定得在基督教傳統和西方人文主義中實現嗎？其實，這條課綱在過去三番兩次被左派拿下來，然後又被右派放上去。很明顯的，是文化認同色彩很強烈的議題。

這樣改來改去，難道不會讓學生無所適從？我們再看看總綱第一段，幾十年來沒有變的部分，是這樣寫的：「教育應傳達和鞏固對人權和對民主價值的尊重。學校全體員工應該展現和培養學生個人自由、尊嚴的不可侵犯性，以及平等價值、性別平等以及社會團結。」看完這些描述就會覺得，其實基督不基督、西方不西方，似乎沒那麼重要了。在瑞典的國民教育，有「民主價值」這個無論是誰都不可質疑的核心砥柱，所以禁得起在枝節上的剪裁。而且，說老實話，社會上有太多太多比文化認同還要重要的事情。花時間爭執正義、慷慨、包容和負責任應該源自那種文化認同，不如把這些特質投注到民生、公義等議題上。

鞏固了核心價值之後，再加上重視開放思考、獨立批判、理性分析的素養教學，就不怕學生會盲從受控、隨波逐流。

我以前當學生的時候，連課綱原來是可以「質疑」的都不知道。從這樣的狀態，到現在那麼多樣的討論和爭議，這是台灣民主化為教育帶來的「典範轉移」。瑞典的歷史教師手冊上說：「歷史意識的一個重要基石，是對不同的歷史解讀採取開放的態度。」當台灣社會適應這種開放的新常態，我想文化認同之爭，也會成為思辨和對話的契機。

有個瑞典歷史老師說：「歷史是永遠教不完的。所以歷史老師的工作不是填滿學生的腦子，而是點燃學生的意識。」我認為這個從「填滿腦子」到「點燃意識」的過程，正符合了民主化的課綱典範轉移。

以下列舉其他在訪談和蒐集資料時，讓我印象深刻的話：

「在數理科，我們給學生太多題目。在社會科，我們給學生太多答案。」

「教育的終極目標不是學會很多別人的想法，而是學會想事情的方法。」

「歷史老師不見得能在學期末、畢業時就看到學生的學習成果。但有信心這些成果在學生未來的人生，一定會派上用場。」

這本書分享了從檢視資料、解讀過去到獲得歷史意識的完整過程，是瑞典為幫助學生點燃歷史意識提出的方案。瑞典的方法不是最獨特、最正確的，但也是一群熱情的教育者窮盡思緒的結晶。我在經過消化彙整後，雙手奉上，如果能讓讀者看到有用、有感之處，誠屬萬幸。

belle vue 47

上一堂思辨歷史課
瑞典提案的歷史思維刻意練習

作　　者　吳媛媛
總 編 輯　曹　慧
主　　編　曹　慧
美術設計　ayenworkshop
內頁排版　思　思
行銷企畫　林芳如
出　　版　奇光出版／遠足文化事業股份有限公司
E-mail: lumieres@bookrep.com.tw
粉絲團：https://www.facebook.com/lumierespublishing
發　　行　遠足文化事業股份有限公司（讀書共和國出版集團）
http://www.bookrep.com.tw
service@bookrep.com.tw
23141新北市新店區民權路108-4號8樓
電話：(02) 22181417
郵撥帳號：19504465 戶名：遠足文化事業股份有限公司
法律顧問　華洋法律事務所 蘇文生律師
印　　製　呈靖彩藝有限公司
初版一刷　2024年4月
定　　價　380元
I S B N　978-626-7221-49-5 書號：1LBV0047
978-626-7221501（EPUB）
978-626-7221518（PDF）

國家圖書館出版品預行編目（CIP）資料

上一堂思辨歷史課：瑞典提案的歷史思維刻意練習 / 吳媛媛著. -- 初版. -- 新北市：奇光出版：遠足文化事業股份有限公司發行, 2024.04
面；　公分
ISBN 978-626-7221-49-5（平裝）

1. CST: 歷史教育　2. CST: 中等教育　3. CST: 比較研究　4. CST: 瑞典 5.CST: 臺灣

524.34　　113002300

線上讀者回函